very integral φ of the equation (d) and each pair of constants N, N' determine a configuration (T_u), unique to within a projective transformation, and on that account are called the characteristic function and the characteristic constants of the configuration.

From the form of the equation (d) it is evident that if $\varphi = \varphi(u,v)$ is the characteristic function of one (T_u), so also is $m\varphi$ of another (T_u), where m is a constant. When $m = -1$ the corresponding characteristic constants are obviously $-N'$ and $-N$; and we obtain consequently a certain transformation, by means of which from one (T_u) another (T_u), of the same conjugate nets (u, v), can be found. The main purpose of the present paper is to show how this transformation is related to that of Calapso.

A configuration of Finikoff

苏步青画传

复旦大学档案馆 编

生活·讀書·新知 三联书店

Copyright © 2022 by SDX Joint Publishing Company.
All Rights Reserved.

本作品版权由生活・读书・新知三联书店所有。
未经许可，不得翻印。

图书在版编目（CIP）数据

苏步青画传 / 复旦大学档案馆编 . — 北京 : 生活・读书・新知三联书店 , 2022.9
ISBN 978-7-108-07454-6

Ⅰ . ①苏… Ⅱ . ①复… Ⅲ . ①苏步青（1902-2003）—传记—画册 Ⅳ . ① K826.11-64

中国版本图书馆 CIP 数据核字 (2022) 第 117107 号

责任编辑　王婧娅
封面设计　黄　越
责任印制　洪江龙

出版发行　生活・讀書・新知 三联书店
　　　　　（北京市东城区美术馆东街 22 号）
邮　　编　100010
印　　刷　上海丽佳制版印刷有限公司
版　　次　2022 年 9 月第 1 版
　　　　　2022 年 9 月第 1 次印刷
开　　本　787 毫米 ×1092 毫米　1/12　印张 14 $\frac{2}{3}$
字　　数　99 千字
定　　价　188.00 元

《苏步青画传》编委会

主　编：黄岸青　钱益民
副主编：丁士华　周　律
编　委：陈启明　王晴璐　王建平　慕　梁　庄　璋
　　　　刘晓旭　孟　瑶　孔杰旦　王立梅　王　磊

目录

001　前言

003　复旦大学苏步青旧居

007　**第一篇**　为学应竭毕生力，攀高贵在少年时

041　**第二篇**　东方第一几何学家

071　**第三篇**　一生著述开宗派，百载树人播馥芬

103　**第四篇**　平添簧舍三千子，畅览神州七八春

137　**第五篇**　黄冠翠袖足清闲，淡泊生涯水石间

167　后记

前言

苏步青（1902—2003），浙江平阳人。数学家、教育家、社会活动家。中国现代数学奠基人之一，创建了中国微分几何学派。1931年获日本东北帝国大学理学博士学位。同年回国，其后历任浙江大学教授、数学系主任、教务长。1952年调入复旦，历任复旦大学数学系教授、教务长、副校长、校长（1978—1983）。1955年当选中国科学院学部委员（院士）。在仿射微分几何学、射影曲线论、射影曲面论、高维射影空间共轭网理论、一般空间微分几何学、计算几何等领域有重要贡献，尤其以发现"苏锥面"和"苏链"著称。1959年加入中国共产党。曾任第七、八届全国政协副主席，民盟中央副主席、名誉主席。2003年3月17日病逝于上海华东医院。2019年国际小行星中心将编号为297161号小行星命名为"苏步青星"。

与国福路51号（陈望道旧居）相邻的61号楼，自1956年建成以后，苏步青在此居住近半个世纪。2021年，由复旦大学发起，将苏步青旧居修建为"数坛宗师 爱国敬业"主题展示馆，作为玖园爱国主义教育建筑群的组成部分，于2021年7月对外开放。本画传在展示馆已有图片和实物的基础上，进一步充实了苏步青各个时期和各个领域的照片和档案，以期较为全面地反映他的生平和贡献。

复旦大学苏步青旧居

- 苏步青居住时的萝屋外景（1982年摄）

- 现苏步青旧居（"数坛宗师 爱国敬业"主题展示馆）

- 玖园爱国主义教育建筑群

● "为学应竭毕生力,攀高贵在少年时"展厅

● "东方第一几何学家"展厅

● "一生著述开宗派,百载树人播馥芬"展厅

● "平添簧舍三千子,畅览神州七八春"展厅

● "黄冠翠袖足清闲,淡泊生涯水石间"展厅

● 苏步青书房场景复原

第一篇

为学应竭毕生力，攀高贵在少年时

苏步青的求学经历并非一帆风顺，而是充满艰辛与挑战，但他凭着过人的勤奋与努力，又加之幸遇良师，终成一代数学大家。本篇主要展现求学时代和浙江大学时代（1931—1952）的苏步青。

1902年9月苏步青生于浙江平阳一户农民家庭。9岁时插班进入县城第一小学就读，刚开始时连续三个学期考了班级最后一名（背榜生），后在恩师陈玉峰的教导下奋发向上。1915年，他以第一名的成绩考入浙江省立第十中学，并在杨霁朝老师的引导下培养起对数学的浓厚兴趣。1919年，初中毕业的他在洪彦远校长的资助下东渡日本求学。

1920年春，苏步青以第一名的成绩考入东京高等工业学校电机系，在校期间成绩优异。可世事难料，1923年9月的关东大地震成了他学习之路上的转折点：他虽然在此次八级地震中侥幸存活，但积攒多年的资料却荡然无存。此后，他毅然决定放弃工科，改攻数学，次年以第一名的成绩考入东北帝国大学数学系，1927年毕业后入该校研究院，攻读博士学位。受益于东北帝国大学严格的培养制度和严谨的学风，尤其是得到该校教授会主席林鹤一的关爱和导师、著名几何学家洼田忠彦的指导，苏步青在仿射微分几何上展现出过人的天赋，做出了一生中最重要的两大发现之一——"苏锥面"。苏步青掌握了日、英、德、法、意五门外语，得以随时跟踪并挑战几何学的国际学术前沿。在该校他还结识了比他年长的同乡、中国函数论研究的先驱陈建功，并与之结为莫逆之交。两人相约学成归国，一起建设浙江大学数学系。

1931年3月，苏步青获日本东北帝国大学理学博士学位，4月即回国到浙江大学数学系任教，1934年接替陈建功担任系主任。他与陈建功携手，把教学与研究紧密结合起来，注重基本训练，严格考试制度，高度重视教学法，精选欧美经典数学著作作为教材。在繁忙的教学之余，苏步青与陈建功等同人争分夺秒地投身数学研究，营造出全系高度重视科研的风气。尤其使学生得益的是两人开创的数学讨论班，为我国培养了一大批新生代数学家。浙大数学系逐渐成为享誉海内外的数学重镇。更难能可贵的是，苏步青在抗战时期随浙大西迁，尽管此时世事艰难、图书资料极其匮乏，他仍弦歌不辍，坚持数学教学和研究，并且发表多篇高质量的论文。在山洞内、破旧庙宇内继续开办数学讨论班，成为我国数学教育界的一段佳话。他另一重要研究成果"苏链"正是在抗战时期完成的。

从1931年到1952年，苏步青在浙大数学系工作22年。苏步青与陈建功等精诚合作，在极为艰难的情况下为浙大数学学科的崛起立下了汗马功劳。

1 卧牛山下农家子,"背榜"之际遇恩师

● 苏步青的父亲苏宗善(1928年摄)

● 1902年9月23日,苏步青出生于浙江省平阳县腾蛟镇带溪村一个农民家庭,是家中最小的儿子。这是平阳苏步青故居

● 小学时的苏步青因国文课老师的偏见，连续三年背榜。一次地理老师陈玉峰向他讲述了牛顿受人欺辱后奋起自强的故事。苏步青深受启发，从此以牛顿为榜样，奋发向上，学业精进。一个学期后，苏步青从"背榜生"变成了"头榜生"（铜版画，作者钱定华）

卧牛山下农家子 牛背讴歌带溪水 欲砍青阶竹作鞭 牵牛去耕天下田
鹿城负笈遭人咄 不料艰辛能立鹤 巧逢伯乐洪岷初 助渡东瀛去读戈
东京地震连天火 洋此弃工改学数 论文写就一篇篇 博士有名无有钱
衰鬓布衣归祖国 同甘共苦为民仆 冠虏何由兴鼓鼙 困穷八载甘如荠
重返武林操旧业 留恋大陆不忍别 雄鸡一唱天下明 年方半百见河清
西越昆仑探欧国 东横沧海观日出 巴黎铁塔印心房 三岛樱花映眼光
八二年当二八 随君战场去厮杀 漫跨步履健如飞 牛棚长负十年悲
老米尝尽风霜味 马枥空怀千里志 梦里家山几十春 清风两袖无纤尘
卧牛山畔三月 似望游人圆缺 待得神州四化时 重上卧牛寿一卮

余家在卧牛山下 山高不逾百馀公尺 以牧名 牛首枕带溪後 题东向有南宋爱国诗人林霁山之墓 虞早蔑俗 仍赖墓庵山 余辞家时年仅十六 今已八十有三 矣 感而赋此卧牛山谣 书为
平阳县中心小学补壁 一九八四年冬月七十二年前学生 苏步青敬呈

• 1984年苏步青为母校平阳县中心小学创作的《卧牛山谣》

● 平阳苏步青故居大门

● 1924年苏步青（右）与胞兄苏步皋回国省亲时在杭州合影

2 锋芒初露好数学，东渡扶桑求真知

● 初来日本的苏步青为语言问题发了愁。为应对三个多月后的招生考试，苏步青拜房东大娘为师，抓住日常生活的各个环节练习日语口语。等到口语考试时，他反客为主，向考官讲起了从大娘口中听到的日本民间故事，顺利通过了考试，显示了"三个月学会日语"的惊人速度（铜版画，作者钱定华）

1　1923年9月的关东大地震中，苏步青虽侥幸存活，但所有课本、笔记、参考书均毁于一旦

2　苏步青（1924年 日本）

3　指导教师洼田忠彦教授（1924年 日本仙台）

•《东北帝国大学理学部学修簿》封面及扉页

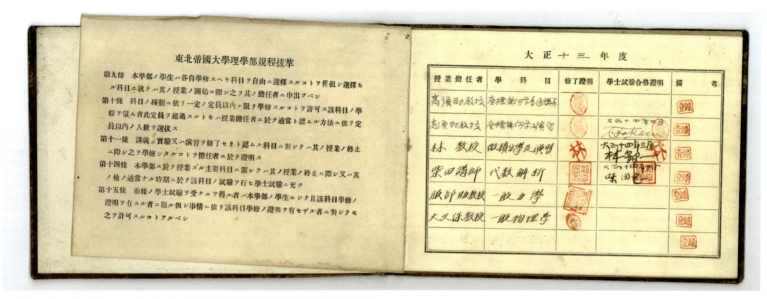

• 大正十三年（1924年）苏步青选修的六门课程和教师姓名

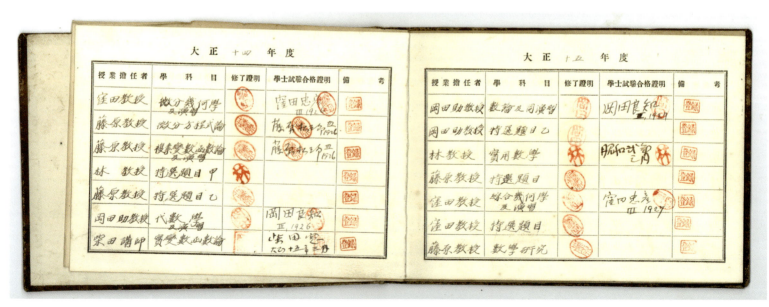

• 大正十四年（1925年）、十五年（1926年）苏步青选修的十四门课程和教师姓名

● 在日本东北帝国大学数学系讨论班上的合影（1925年 日本仙台）。后排右一苏步青

● 1957年苏步青与导师洼田忠彦合影

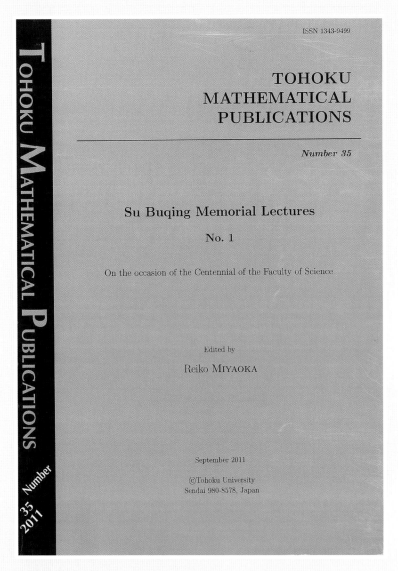

- 为纪念苏步青，母校日本东北大学（原东北帝国大学）设立了苏步青纪念讲座，这是学校《东北数学》推出的"苏步青纪念讲座"专刊

Preface

COOPERATION AGREEMENT BETWEEN
MATHEMATICAL INSTITUTE, GRADUATE SCHOOL OF SCIENCE,
TOHOKU UNIVERSITY, JAPAN
AND
SCHOOL OF MATHEMATICAL SCIENCES,
FUDAN UNIVERSITY, CHINA

was signed by Professor Akihiko Yukie, Chair of Mathematical Institute of Tohoku University, and Professor Quanshui Wu, Dean of School of Mathematics of Fudan University, in November 2009. The background and details of activities are given in the articles by Professor Motoko Kotani and Professor Emeritus Katsuei Kenmotsu, and in the record of the activities in this volume, which features lectures held during 2008-2010 under this agreement.

We are grateful to all the lecturers for their splendid lectures and their contributions to this issue. We also thank all those, especially doctoral students, who took the notes, or did proof-reading. We sincerely thank Ms. Junko Bannai for her effective work in the preparation of the manuscript.

The Faculty of Science of Tohoku University celebrates its centennial in September 2011. On this occasion, the publication of these lecture notes in memory of Professor Su Buqing (蘇 步青), a great mathematician and a leader of modern China, Doctor of Science, Tohoku Imperial University in 1931, is one of the most suitable and honorable events.

We intend to continue our activities for the development of mathematics on both sides through this exchange program.

September 2011

Reiko Miyaoka

Foreword

Tohoku University has been proud of maintaining "Research First" and "Open Door Policy" as the school principles since its foundation as the third imperial university following University Tokyo and Kyoto University. It has been known as the first university of Japan which admitted female students against the government in 1913. From its early stage, Tohoku University also opened its doors to international students, with two graduating in 1911. The great author Lu Xun (魯迅), a father of modern Chinese philosophy, studied at Tohoku University.

Department of Mathematics contributed to the history. The mathematician Chen Jiangong (陳 建功) enrolled in Tohoku University in 1920, and in 1929 became the first international student to obtain a doctorate in Japan. Su Buqing (蘇 步青), who entered Department of Mathematics in 1924, not only continued to the graduate school upon graduation, but also began teaching as a lecturer at Tohoku University. He obtained a doctorate in sciences in 1931. Both contributed to establish modern mathematics in China. As of May 2010, there are around 1,500 international students enrolled at Tohoku University from 80 countries with 744 from China.

In 2007, on behalf of Graduate School of Science, Professor Reiko Miyaoka and I paid a visit to Fudan University together with Vice President Osamu Hashimoto of international relationship. It was to reconfirm our long history of friendship and discuss about a possible action to extend our research exchange and collaboration into a more intense and clear form. On that occasion, we visited the School of Mathematical Science to discuss about our academic programs and agreed to enter a new stage of relationship for the benefit not only to professors but to our students and made a contract. It says that we shall in turn invite professors of one of the two institutes to stay at the other's to give a series of lectures for the graduate students every year and publish the Su Buqing Lecture Note based on the lectures.

Since then, Professor Jiaxing Hong, Professor Quanshui Wu, Professor Yuaolong Xin and Professor Reiko Miyaoka have put their valuable effort to establish the new flow of exchange and accomplished the agreement.

The present lecture note is an outcome of our five years activities. We hope it will contribute to promote our collaboration on both research and education.

June 13, 2011

Motoko Kotani
Former Chair
Mathematical Institute
Graduate School of Science
Tohoku University

A BRIEF HISTORY OF THE MATHEMATICS EXCHANGES BETWEEN TOHOKU AND FUDAN UNIVERSITIES

KATSUEI KENMOTSU

The exchange of mathematicians between Tohoku and Fudan Universities began when Prof. Su Buqing came to Sendai on December 6, 1955, to present a talk at the colloquium of the Mathematical Institute at Tohoku University. On the occasion of the visit, he wrote the following poem:

念载重来一夢中
髮絲潤尽冷秋風
仙台故舊幾人在
獨對向山斜日紅

1955年12月6日来訪
母校萬感俱集書此記念
蘇 步青

Coming here again over twenty years as in my dream.
Feeling autumn chilly as less and less my hair.
A few old friends in Sendai are still alive ?
Sitting alone and facing mountains to see red sunset.

Visiting Alma Mater, so many reflections and thoughts come out and write down to commemorate.
Su Buqing, December 6, 1955 (translated by Yuan-long Xin)

In fact, Prof. Su graduated from Tohoku Imperial University, which is now called Tohoku Universty, in 1927; he received the degree of Doctor of Science at the same University in March, 1931. One month later, he returned to China with a wife, Yoneko Matsumoto, and took a position at Zhejiang University. After that, he worked in China and became an outstanding leader within the mathematics community.

In August of 1981, when the International Symposium of Differential Geometry and Differential Equations was held at Fudan University in honor of Prof. Su's 80th birthday, six Japanese mathematicians were invited to give talks. Among them, the youngest was Seiki Nishikawa, who is now a leading figure at the Mathematical Institute of Tohoku University.

In April of 1983, Prof. Su, who was then the Honorable president of Fudan University, visited Japan again with Professors H. Hu and Y. Wang. He gave an invited talk at the annual meeting of the Mathematical Society of Japan held in Hiroshima, and he also delivered an address at the reception in honor of Prof. Su held at Sendai city hall.

In September of 1991, there was an international symposium on differential geometry in honor of Prof. Su's 90th birthday, at which seven Japanese mathematicians, including myself, were invited. At the reception of the symposium, it was an honor for me to give an address as the representative of the foreign participants. At that time, I met many young Chinese graduate students. Later, some of them came to Tohoku University as post doctoral fellows, invited by Japanese foundations.

As the scientific exchanges between Tohoku and Fudan Universities were extended to other faculties and increased in activity since 1992, both universities agreed to sign a treaty for cultural exchange. On April, 2001, the president of Tohoku University, Prof. Abe, and I visited Fudan University to sign this document.

In the field of mathematics, to promote increased, systematic exchange, both departments of mathematics participated in the exchange program in 2008; it now works very well.

I would like to thank my younger friends Yuan-long Xin of Fudan University and Seiki Nishikawa of Tohoku University for their help in preparing these notes.

May 12, 2011
Sendai, Japan

● 1927年3月日本东北帝国大学数学系毕业合影。前排右四苏步青

● 在日本东北帝国大学任讲师期间留影（1928年 日本仙台）。前排右一苏步青

• 从日本东北帝国大学毕业后,苏步青成为该校研究院的博士研究生。这是当时学校校门

● 1928年苏步青在日本与松本米子结婚。这是松本米子的照片

● 1930年苏步青与夫人和孩子在日本仙台合影

● 1933年访日期间，苏步青（前排右三）在仙台中国留学生欢迎会上

● 1931年日本东京老同学送别时留影。
前排右二苏步青

● 1934年在杭州全家合影。右一苏步青，右三苏母林老夫人，左一夫人松本米子

3

赤子丹心系故土，烽火飘摇归祖国

● 1931年3月，苏步青在日本东北帝国大学获得理学博士学位，已经发表了一系列有关仿射微分几何的论文，引起国际同行的关注。学成后，即归国就任浙江大学数学系副教授。这是1931年4月浙江大学理学院数学系欢迎苏步青教授合影。前排右三钱宝琮，右四苏步青，右五陈建功

● 1938年苏步青（右二）与陈建功（左二）、学生熊全治（右一）等在宜山文庙前合影

• 1937年10月5日浙江大学召开第十四次校务会议，讨论二、三、四年级迁地上课等问题。苏步青出席此次会议（浙江大学档案馆提供）

45

開會如儀

報告

主席報告本大學經濟實況，及奉部令折扣發薪辦法。

議案

一、本大學經費奉部令減折，以後發給如何發薪案

決議 除本大學必需用款外，概比照部發各月經費折扣發薪。

二、復議本大學二三四年級遷地上課案

(1)天目山臨時辦事處儲潤科主任，報告天目分校情形。

025

46

(2)胡剛復院長報告視察嚴州房屋情形。

決議 (1)遷離杭州。 十四票通過

(2)二三四年級改遷建德。 十四票通過 黃翼提議 陳大燮附議

付經濟狀況表 又付來鄭曉滄先生遷校意見

閱

● 苏步青一家在湄潭（1943年）

● 苏步青一家在湄潭（1946年浙江大学迁回杭州前夕）

● 1933年4月苏步青晋升为教授，并担任数学系主任。这是1937年4月浙江大学数学系师生合影。前排左起：陆慧英、方淑姝、朱良璧、黄继武、苏步青、陈建功、朱叔麟、钱宝琮、曾炯、方德植、冯乃谦、周茂清。中排左起：钱大业、彭慧云、冯世礽、夏守岱、许国容、许燕礼、毛路真、虞介藩、恽鸿昆、钱克仁、周佐年、侯希忠、颜家驹。后排左起：楼仁泰、徐绍唐、张素诚、李克寅、吴祖基、白正国、汪达、杨从仁、程民德、卢庆骏、何章陆、郑锡兆、朱福祖（钱永红提供）

● 浙江大学师生西迁途中,不时受到敌机轰炸的威胁。苏步青和陈建功就在庙宇和山洞中继续开设数学讨论班。山洞虽小,但数学的天地是广阔的。正是在这样艰苦的条件下,苏步青培养出了张素诚、白正国、吴祖基、熊全治等数学人才(铜版画,作者钱定华)

• 1947年浙江大学数学系师生合影（杭州）。前排左一杨忠道，左二金福临，右三白正国，右九苏步青，右十钱宝琮，右十二徐瑞云，右十三朱良璧。中排左五谷超豪，左八张鸣镛。后排右六董光昌

• 1945年9月14日，在湄潭的浙江大学数学研究所召开第四十七次校务会议，此图为校务会议成员在数学研究所合影，前排左五为竺可桢（樊洪业、李玉海编著《竺可桢的抗战年代——竺藏照片考述》）

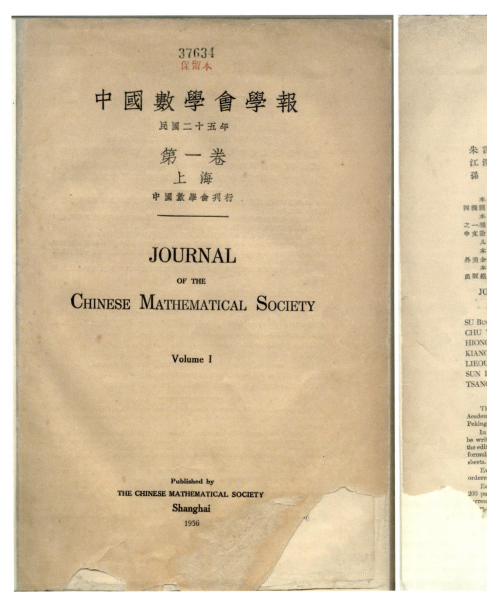
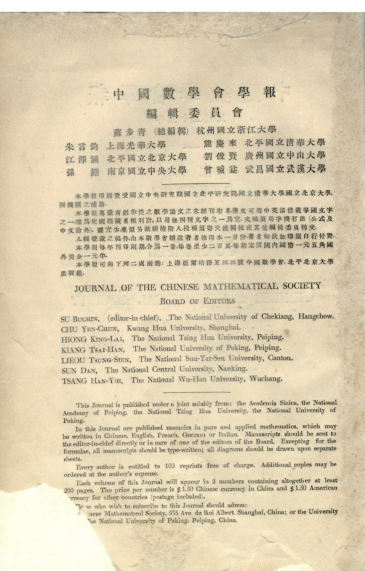

• 1935年7月中国数学会在上海成立，苏步青当选为11名理事之一。次年，中国数学会出版我国第一份数学学术性期刊《中国数学会学报》（Journal of the Chinese Mathematical Society），苏步青担任总编辑

• 苏步青为任南衡、张友余编著的《中国数学会史料》(江苏教育出版社,1995年)题写书名

● 1985年苏步青（右二）出席浙江大学校庆大会

• 1987年苏步青在浙大90周年校庆大会上致辞

10月2日　星期六　杭　晨晴76°，日中晴77°。

晨乔和生来。晤警察厅周厅长。严慕光来。下午嵊县学生张小浦、裘荣安、周万生来。校务会议。

晨六点半起。上午十点偕步青及斯大二人至白衣寺特种刑庭晤裘首席，询教育系二年级生李雅卿之下落。据云警厅已于昨晨通知，暂拘留刑警所。谓其于民卅五年曾被警所拘，旋即释放，并云李已自承为共产党云。余等出后嘱斯大赴延龄25号悦昌号晤李之父亲询问，而余与步青至警厅晤周厅长。渠系嘉兴人，其人较前任沈为坦白。据云此次线索系来自王秀霞。缘王秀霞劝市民医院某医生赴苏北任事，其人决定往而旋又变计，乃将其事告知友人，王秀霞遂为人所注意。迨王、李二人被逮后，王秀霞供为共产党，其入党乃李雅卿所介绍，因之李之资格较王为老，至于上海来之高停云则并未入共党。余要求一看李雅卿，周即允，陪往附近（太平坊附近）之刑警处。有一张副队长接至办公室，余与步青坐于Sofa上，周坐于板凳上。旋即召李雅卿来，态度从容，自承为共产党，于今年二月由（农经二）朱元明在时事坐谈会中谈到思想问题，因而入党。但朱认其不努力阅读用功，故屡呵责之云云。朱元明即于去夏闹罢课时受停学一年之处分者。李并自承王秀霞之入党，乃其所介绍于朱元明者云。但李本人既于两年前因售卖思想左倾书被捕，度其所云由朱介绍一节未必可靠也。李与王均嵊县人。十二点别周回。二点嵊县同乡学生张小浦、裘荣安、周万生来询，余告以晤裘、周二人所得之消息，但未及朱元明。孙斯大来，谓曾晤李雅卿父亲李作尧，知两年前警厅发觉"悦来"存有大批违禁书，乃将李雅卿捕去，并发现李之兄李斐自共产区寄给李之信件，但一天后即释放云。

三点开校务会议，通过人类学系设立研究所，及校务会议人选仍照向例办理（以13票对8票通过）。

寄任叔永、张孟闻函　路季讷、李超英、王天一、过旭初、阮毅成、胡雨融、陈序经

●《竺可桢日记》记载了1948年10月2日竺可桢与苏步青赴特刑庭和警庭交涉浙大学生被捕事宜

● 1948年苏步青（中）在浙江大学护校运动中

第二篇

东方第一几何学家

苏步青是国际公认的几何学家，我国微分几何学派的创始人。早在20世纪20年代后期攻读博士学位期间，他就在仿射微分几何领域做出了杰出的贡献。他以"仿射空间曲面论"为题，在《日本数学辑报》上连续发表12篇论文，对于一般的曲面的正常点，发现了一个极有意义的四次（三阶）代数锥面，被人们称为"苏锥面"。

苏步青在射影曲线论研究中抓住了奇点，借助于平面曲线可表奇点的几何结构，建立了与前人完全不同的构造性方法，清楚地将整个理论一下子展现出来，完成了N维空间曲线的几何学理论，被德国数学家布拉施克誉为"东方第一几何学家"。

在射影曲面论的研究中，他对周期为4的拉普拉斯（Laplace）序列做了深入而富有成效的工作，这种序列被称为"苏链"。在"文革"后期，他抓住到江南造船厂合作研究"船体数学放样"的契机，提出用参数曲线方法光顺曲线，用平行圆面法对船鼻舯进行光顺，做出了重大贡献。1978年，他将曲线的仿射不变量理论和几何外形设计结合起来，在国内催生了计算几何这一新的学科方向。

他获得的主要奖项有：1942年"射影曲线概论"获教育部自然科学一等奖；1957年"K展空间和一般度量空间几何学　射影空间曲线论"项目获中国科学院科学奖金二等奖；1978年"船体数学放样"（合作）项目获全国科学大会奖；1986年"计算机辅助几何设计"和"曲面法船体线型设计程序系统"两个合作项目同时获得国家科技进步二等奖；1998年荣获何梁何利基

金科学与技术成就奖。

由于他的杰出贡献，2003年7月，国际工业与应用数学联合会（ICIAM）决定设立"ICIAM苏步青奖"。同年11月，中国工业与应用数学学会设立"CSIAM苏步青应用数学奖"。2019年11月，国际小行星委员会将编号为297161的小行星命名为"苏步青星"。

● 苏链论文手迹

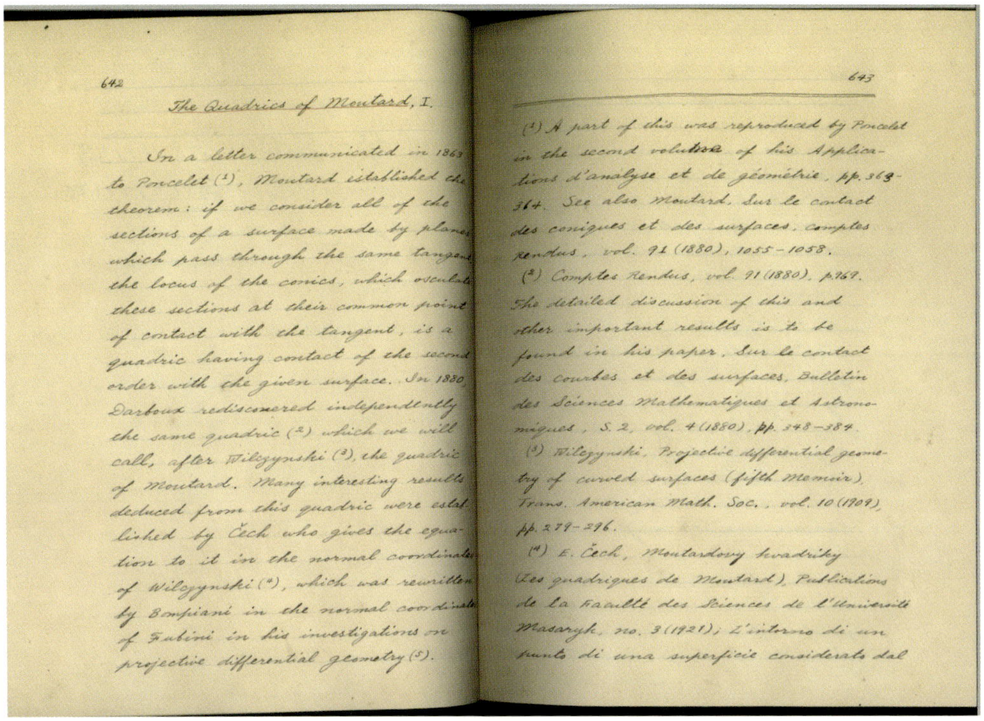

642

The Quadrics of Moutard, I.

In a letter communicated in 1863 to Poncelet (1), Moutard established the theorem: if we consider all of the sections of a surface made by planes which pass through the same tangent, the locus of the conics, which osculate these sections at their common point of contact with the tangent, is a quadric having contact of the second order with the given surface. In 1880, Darboux rediscovered independently the same quadric (2) which we will call, after Wilczynski (3), the quadric of Moutard. Many interesting results deduced from this quadric were established by Čech who gives the equation to it in the normal coordinates of Wilczynski (4), which was rewritten by Bompiani in the normal coordinates of Fubini in his investigations on projective differential geometry (5).

643

(1) A part of this was reproduced by Poncelet in the second voluteva of his Applications d'analyse et de géométrie, pp. 363–364. See also Moutard, Sur le contact des coniques et des surfaces, Comptes rendus, vol. 91 (1880), 1055–1058.

(2) Comptes Rendus, vol. 91 (1880), p. 969. The detailed discussion of this and other important results is to be found in his paper, Sur le contact des courbes et des surfaces, Bulletin des Sciences Mathématiques et Astronomiques, S. 2, vol. 4 (1880), pp. 348–384.

(3) Wilczynski, Projective differential geometry of curved surfaces (fifth memoir), Trans. American Math. Soc., vol. 10 (1909), pp. 279–296.

(4) E. Čech, Moutardovy kvadriky (Les quadriques de Moutard), Publications de la Faculté des Sciences de l'Université Masaryk, no. 3 (1921); L'intorno di un punto di una superficie considerato dal

苏锥面论文手迹之一

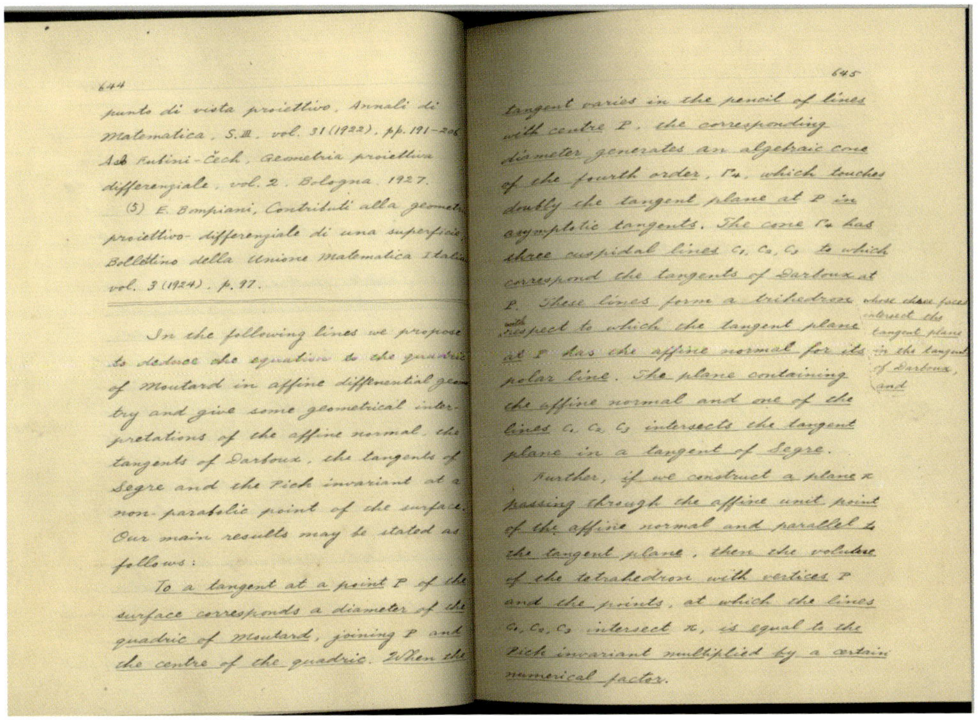

644

punto di vista proiettivo, Annali di Matematica, S. III, vol. 31 (1922), pp. 191–206. ~~Ad~~ Fubini-Čech, Geometria proiettiva differenziale, vol. 2, Bologna, 1927.

(5) E. Bompiani, Contributi alla geometria proiettivo-differenziale di una superficie, Bollettino della Unione Matematica Italiana, vol. 3 (1924), p. 97.

In the following lines we propose to deduce the equation to the quadric of Moutard in affine differential geometry and give some geometrical interpretations of the affine normal, the tangents of Darboux, the tangents of Segre and the Pick invariant at a non-parabolic point of the surface. Our main results may be stated as follows:

To a tangent at a point P of the surface corresponds a diameter of the quadric of Moutard, joining P and the centre of the quadric. When the

645

tangent varies in the pencil of lines with centre P, the corresponding diameter generates an algebraic cone of the fourth order, Γ_4, which touches doubly the tangent plane at P in asymptotic tangents. The cone Γ_4 has three cuspidal lines c_1, c_2, c_3 to which correspond the tangents of Darboux at P. These lines form a trihedron [whose three faces intersect the tangent plane in the tangents of Darboux, and] with respect to which the tangent plane at P has the affine normal for its polar line. The plane containing the affine normal and one of the lines c_1, c_2, c_3 intersects the tangent plane in a tangent of Segre.

Further, if we construct a plane π passing through the affine unit point of the affine normal and parallel to the tangent plane, then the volume of the tetrahedron with vertices P and the points, at which the lines c_1, c_2, c_3 intersect π, is equal to the Pick invariant multiplied by a certain numerical factor.

苏锥面论文手迹之二

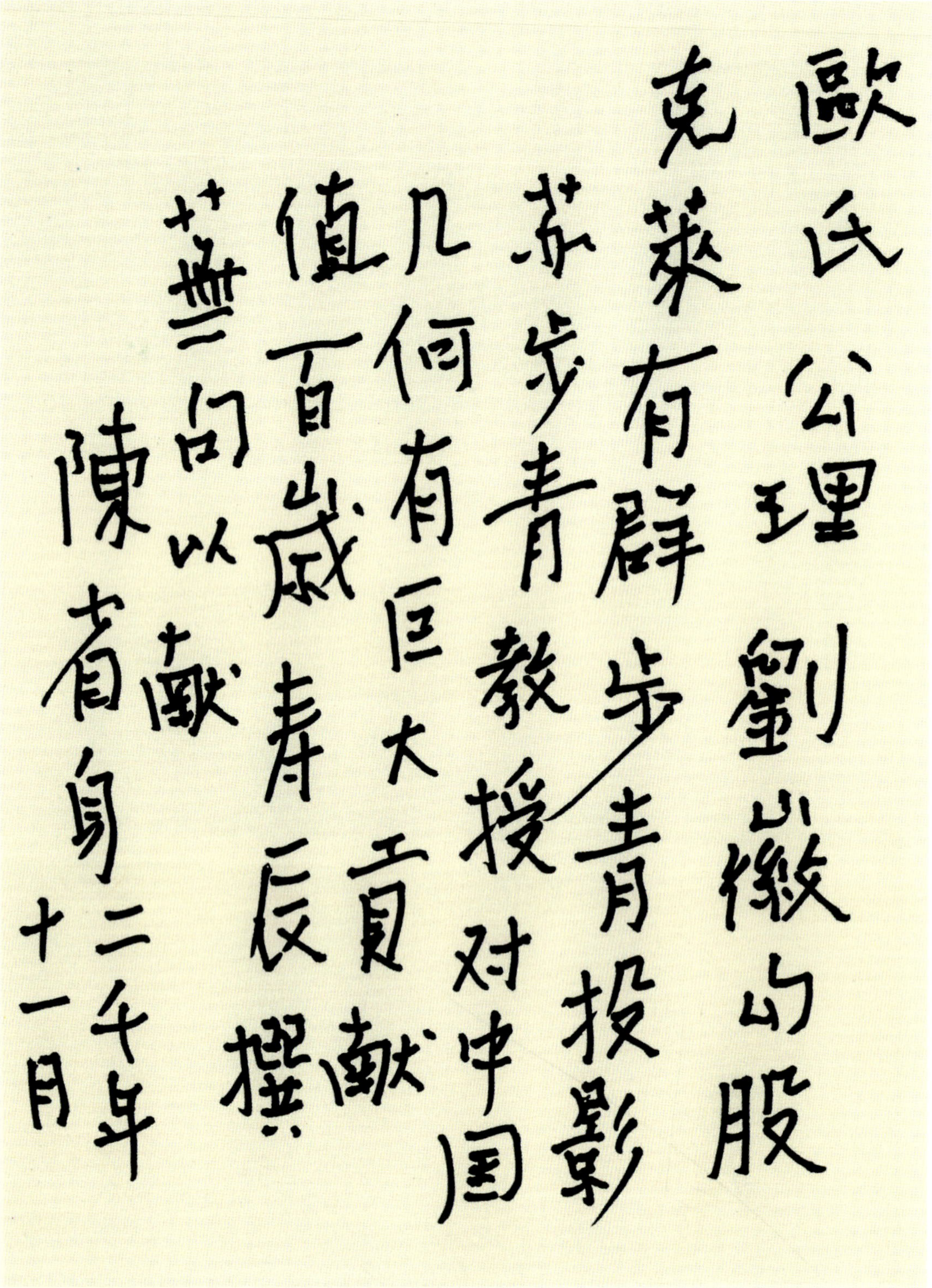

欧氏公理 刘徽勾股
克莱有群 步青投影
苏步青教授对中国
几何有巨大贡献
值一百岁寿辰撰
无句以献

陈省身
二千年十一月

• 2000年11月陈省身院士为苏步青百岁寿辰题词

● 2001年在复旦大学举行的《苏步青数学论文全集》首发式（前排左一吴文俊、右一陈省身）

● 吴文俊院士在《苏步青数学论文全集》首发式上

●《苏步青数学论文全集》（高等教育出版社，2001年）

1 一位成果丰硕的数学家

● 1983年4月苏步青在日本东北大学做学术报告

● 1948年中央研究院选举产生第一届院士81人。后排右二苏步青

• 1982年7月苏步青和微分几何与微分方程国际会议（DD2）代表合影（上海）。前排左起：Bourguignan、K. Uhlenbeck、谷超豪、M. Takeuchi、苏步青、R. S. Palais、谢希德、H. B. Lawson、M. Obata。中排左起：彭家贵、李大潜、R. Willans、滕楚莲、胡和生、M. L. Michelsohn、Y. Maeda、H. Omori、S. Nishikawa、龚昇

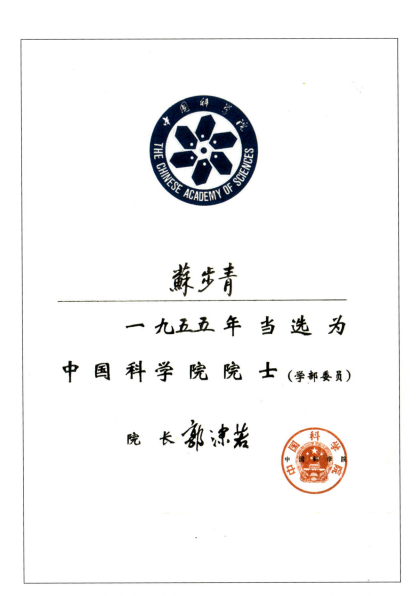

● 1955年苏步青当选中国科学院院士（学部委员）的证书　　● 苏步青被聘为中国科学院资深院士的铭牌

现代数学国际会议和微分几何讨论会——庆贺苏步青教授百岁华诞

2001.9.18—2001.9.23

• "现代数学国际会议和微分几何讨论会——庆祝苏步青教授百岁华诞"代表合影

• 2001年9月22日苏步青院士百岁华诞暨回国执教七十周年庆贺大会会场

• 复旦大学校长王生洪在大会上讲话

2 一个蜚声中外的几何学派

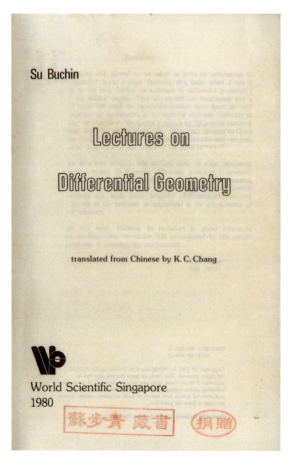

● 1980年出版的苏步青《微分几何五讲》（英文版）封面

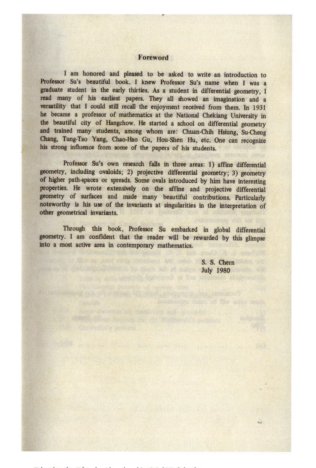

● 陈省身院士为本书所撰前言

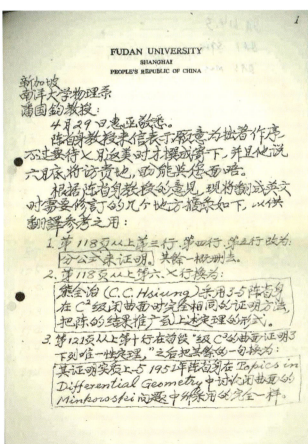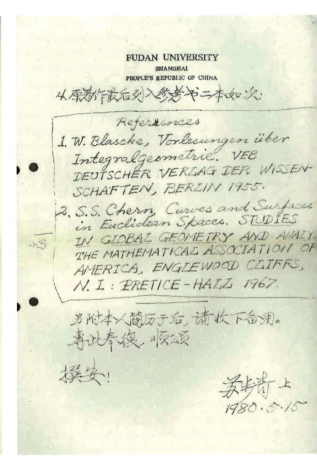

• 1980年5月苏步青对《微分几何五讲》英译稿的翻译提出自己的修改意见

2

MATHEMATICS IN CHINA UP TO 1966

Mathematics developed very early in China. From the third century B.C. to the fourteenth century A.D., the Chinese made many important contributions to mathematics; some of them anticipated the Arabs, the Indians, and the Europeans by several centuries [see (1) at the end of this chapter.] However, around the fourteenth century, mathematics in China became stagnant, until Western science and mathematics were brought to China by the Jesuits in the seventeenth century. A period of activity followed, without contact with the major developments in the West. In terms of the number of competent mathematicians and the availability of advanced mathematical instruction in the modern sense, conditions remained quite primitive as late as 1930. In the thirties, a small number of Chinese mathematicians, fresh from earning their doctorates abroad, began to assume teaching posts. The general level of mathematical education improved. For example, the geometer Su Pu-ch'ing and the analyst Ch'en Chien-kung, both trained in Japan and both teaching at Chekiang University, were forming schools at that time. Although the Sino-Japanese War of 1937-1945 disrupted this development of mathematics, a few Chinese mathematicians continued their work and left their mark on world mathematics—among them S. S. Chern, W. L. Chow, P. L. Hsu, Hua Lo-keng, and C. C. Lin. But all Chinese mathematicians who were trained before 1946 and later gained international reputations spent part of their formative years in the West.

The first serious effort to bring *modern* mathematics to China was made in 1946, the year S. S. Chern was entrusted with the creation of the Mathematics Institute in Nanking. The most talented college graduates in mathematics from all over the country were brought to the Institute and were given intensive training. Due to the disruptions of the civil war, this program lasted only 2 years, from 1946 to 1948, yet it left an indelible impression on Chinese mathematics. Most of the leading Chinese mathematicians who were educated during that period were affiliated with the Institute. They include S. C. Chang, K. T. Ch'en, S. T. Hu, H. C. Lee, S. D. Liao, H. C. Wang, Wu Wen-tsün, and C. T. Yang. (All of them obtained their doctorates in the West.)

The period between Liberation (1949) and the beginning of the Cultural Revolution (1966) was the formative period in China's progress towards mathematical independence and maturity. China was more active mathematically in these 17 years than in any previous such period of its history.

---

taken place. In particular, work on analytic number theory and meromorphic functions is excellent. Recently there have appeared in *Acta Mathematica Sinica* a number of papers on partial differential equations and pseudo-differential operators; they show a mastery of the subject and constitute solid contributions. Homogeneous domains in several complex variables are also being studied. (See Abstract 6.3.3.2.) Some of the analysis done in conjunction with applied mathematics is described elsewhere in this report. It is our impression that there are virtually no young people being trained in analysis, and vast areas of analysis are not covered.

Analytic Number Theory

Excellent work in analytic number theory is done at the Institute by a group of Hua Lo-keng's students. The outstanding result achieved there in recent years is the theorem of Ch'en Ching-jun (1966; details published in 1973), which is the best result to date in the direction of the Goldbach conjecture. Recently Ch'en's proof has been simplified by other members of the Institute, Ting Hsia-hsi and Wang Yüan, as well as Pan Cheng-tung of Shantung University. (See Abstract 6.2.2.2.)

Although we found no one who worked in algebraic number theory, some joint work of Hua Lo-keng and Wang Yüan used properties of cyclotomic fields as well as deep results from analytic number theory in a problem in numerical analysis. (See Abstract 6.2.2.3.)

Complex Analysis

The most noteworthy contribution of Chinese mathematics in complex analysis lies in classical Nevanlinna theory, in work done by Yang Lo and Chang Kuang-hou of the Mathematics Institute of Peking. This area, which requires formidable analytic techniques, has been ploughed over carefully by many specialists all over the world for 50 years. Yang and Chang found something both new and deep to say about this venerable subject. (See Abstract 6.2.3.1.) To our knowledge, these two mathematicians are entirely isolated, although not so long ago there was a whole school of Nevanlinna theorists that grew out of the pioneering work of Hsiung Ch'ing-lai. There is interest in several complex variables in Peking, mostly as a result of Hua's work in symmetric bounded domains of the classical type. (See Abstract 6.2.3.2.)

Differential Geometry

There is some recent work on improving the Gauss-Bonnett theorem for manifolds with boundary (See Abstract 6.2.1.4.), and on the eigenvalues of the Laplacian on compact Riemannian manifolds. At Chekiang University there had been a school of classical geometers headed by Su Pu-ch'ing but it disappeared when its members became applied mathematicians. Some interest in the dynamical system aspects of foliations is evident at Peking University, but published results are not yet available.

• 《中华人民共和国的纯粹与应用数学》第二章提到:"到了1930年代,一部分刚从海外获得博士学位的中国数学家逐渐在大学登上教学讲台,中国的数学总体水平提高了。例如,两位在日本接受教育、都在浙江大学任教的数学家,几何学家苏步青和分析学家陈建功,在那时形成了学派。"

• 《中华人民共和国的纯粹与应用数学》第五章提到"在浙江大学有一个以苏步青为首的经典几何学派"

3 一门新兴的学科方向

● 1961年5月毛泽东主席接见苏步青,中后为周信芳

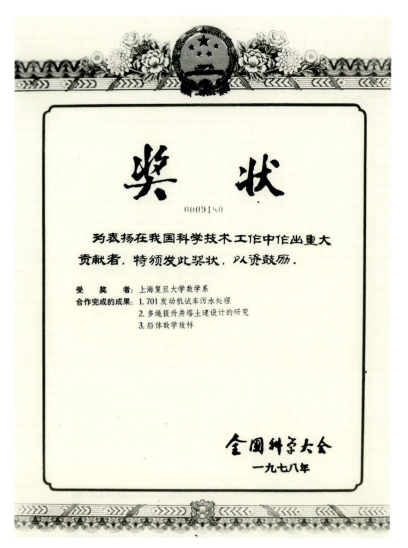

1　1972年，苏步青在江南造船厂开始船体放样的数学模型研究，此项科研成果荣获1978年全国科学大会奖

2　1977年7月苏步青在计算机房讨论船体放样。左起：忻元龙、苏步青、舒五昌、刘鼎元

3　1997年苏步青与复旦大学教师华宣积（左二）、江南造船厂工人技术人员顾灵通（右二）等合影

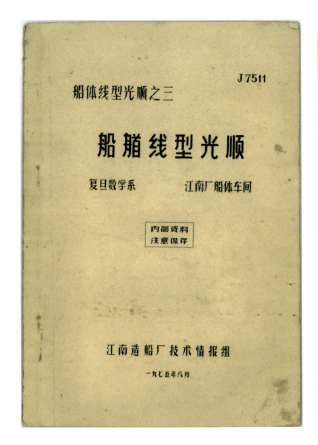
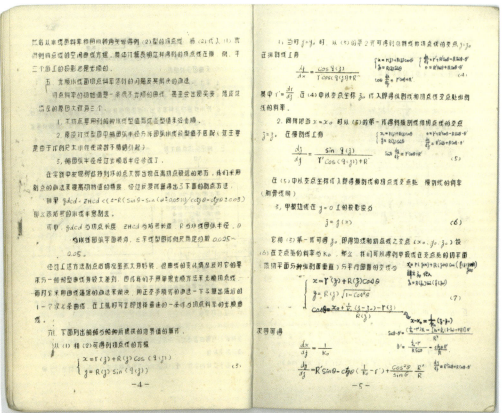
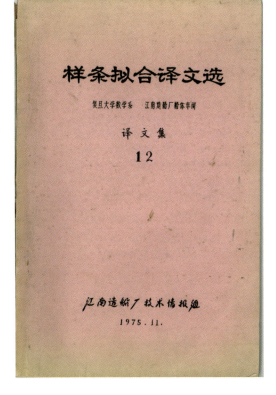

● 复旦数学系、江南厂船体车间编写的《船舶线型光顺》等资料

• 苏步青关于船体数学放样资料的笔记本

德晶：

　　10.6来信早已收到了，因为没有什么重要的事，所以延到今天才写。

　　维宁的丝棉裤现在还未上市，要等到稍冷一点的时候。据妈妈说，自己买布和棉花去做，很花钱又要很多时间，还是等着买现成的来得好。如果买不到丝棉裤，骆驼毛的好不好？

　　听说你和小蓉要来上海家里度寒假，我们都非常高兴。妹听到这消息后来信说，那时她也要回来看看。你们来时，请带上次拿来过的尼龙拖鞋一双，因为上次的已经破得差不多了。

　　本月初小平因气喘病复发来沪就医，现住家里，星期天到他外公家，看来至少要呆半年。冯富德下乡劳动，十一月中旬才可回来。德昌、德明都要去三秋劳动两个星期。爸爸年老，轮不到了。10.14《人民日报》《文汇报》等刊登了复旦科研，后面一大段讲的"老教师"就是指爸爸，你们想必已看出来了吧。昨天，二机部在江西吉安的某厂看了这篇报导，派人来我处讨回资料。联系到这二年来（《摆线和拟螺线》这篇论文发表于73年10月《复旦学报》）各方面多次反应，可以看出理论为实践服务的重要性了。我决心坚持这一方向，继续下厂搞实际中的生产问题，做出成绩来。

　　近来在高校落实知识分子政策的呼声越来越高，我校也有点"动"。例如：党委书记亲自到数学系宣布爸爸是数学所领导小组长。谈起"所长"吗，我在湄潭早已当上了的，并不希奇。问题在：是名实相副还是有名无实。最根本的党籍问题没有解决，其他全是悬空的。你说对吗？

　　今天就写到这里。

　　　　　　　　　　爸爸
　　　　　　　　　1975.10.26.

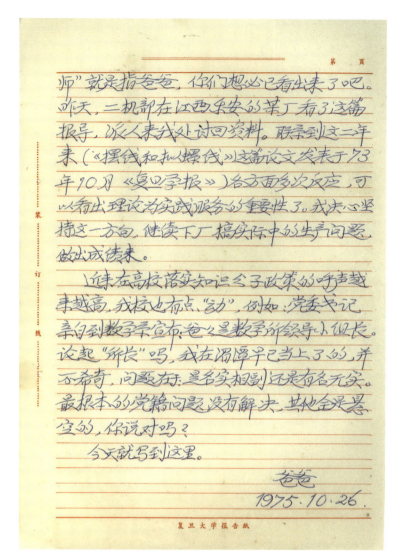

● 1975年10月26日苏步青给女儿苏德晶的信，谈到《摆线和拟螺线》一文在工厂生产中受到重视

4 一本专业的学术刊物

● 1979年9月在杭州召开的《数学年刊》编委第一次会议留影

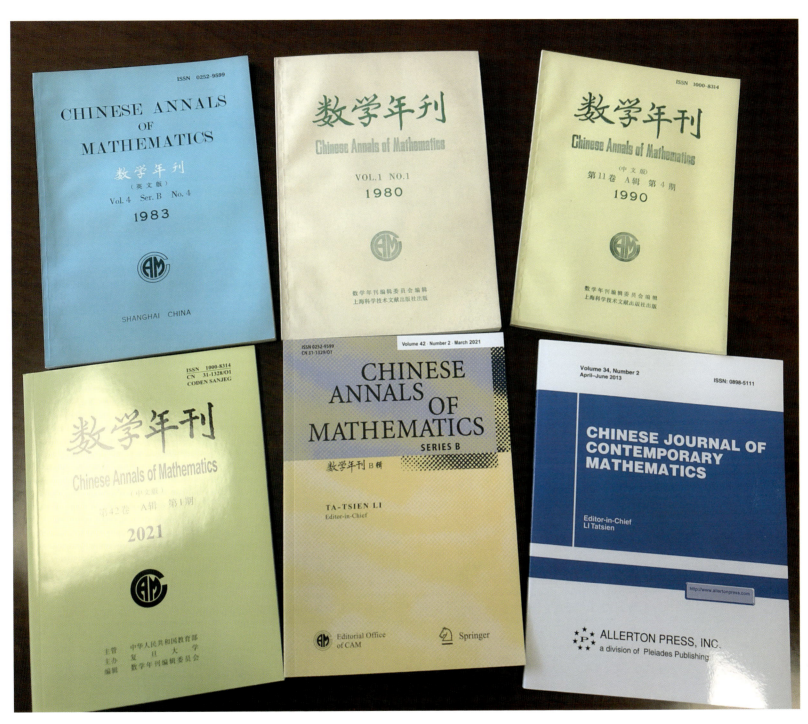

• 由苏步青题写刊名的《数学年刊》

● 1983年3月《数学年刊》编委会第四次会议期间,苏步青与白正国（左一）、柯召（左二）、程民德（右一）在苏州合影

● 1990年10月苏步青和《数学年刊》编辑部工作人员合影

5 国际流芳

● 1993年6月3日下午，日本国驻上海总领事馆在上海花园饭店举行授勋仪式，由总领事小林二郎主持，向苏步青转授日本国天皇授予他的"勋二等瑞宝章"

• 盖有"大日本国玺"的"勋二等瑞宝章证书"

• 1993年4月29日，日本天皇授予苏步青的"勋二等瑞宝章"

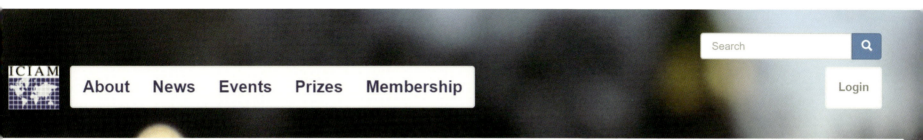

ICIAM Su Buchin Prize winners

Established in 2003 to provide international recognition of an outstanding contribution by an individual in the application of mathematics to emerging economies and human development, in particular at the economic and cultural level in developing countries. This includes efforts to improve mathematical research and teaching in those countries.

2019 - Giulia di Nunno
2015 - Li Tatsien
2011 - Edward Lungu
2007 - Gilbert Strang

- 2003年7月国际工业与应用数学联合会（ICIAM）设立"ICIAM 苏步青奖"。该奖项旨在表彰应用数学方面，为促进经济和人类发展，尤其是表彰为提升发展中国家的经济和文化水平做出杰出贡献的个人。该奖项还致力于提升发展中国家的数学科研和教学水平

• "ICIAM 苏步青奖"证书（2015 年，李大潜）

• "CSIAM 苏步青应用数学奖"证书（2010 年，李大潜）

● "ICIAM 苏步青奖"奖牌(2007年首届得主为美国麻省理工学院教授 Gilbert Strang)

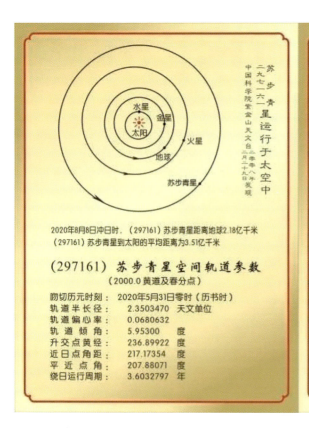

- 2019年11月8日国际小行星委员会批准并发布国际公报，将国际编号为297161号的小行星正式命名为"苏步青星"

- 紫金山天文台近地天体望远镜拍摄的"苏步青星"

第三篇

一生著述开宗派，百载树人播馥芬

苏步青一生专心文教，耕耘杏坛长达 70 余年，教过的学生数不胜数。本篇聚焦作为教育家的苏步青，展示他在教书育人方面的事迹与成就。

1952 年院系调整，苏步青辞别工作多年的浙大，前往复旦大学数学系任教。先担任教务长，1957 年 2 月担任副校长，成为复旦大学教学和科研的主要负责人。在高等教育界全面学习苏联的大背景下，他借鉴和吸收苏联高等教育注重学科科学性和系统性的优点，以教研组和教学小组作为贯彻教学计划、进行教学和科学研究以及培养师资的基本组织。坚持以教学为中心，重视基础课的教学，由名师上基础课，严格考试制度，建立起一套严格的教学管理制度，使教学质量有了充分的保证，为复旦深厚的文理基础教育打下了一个扎实的制度基础。同时延续数学讨论班制度，自 1954 年起扩展到全校，在校庆期间开展全校性的科学报告会制度，成为检验学校科学研究水平的一个优良传统，延续至今。复旦大学数学系之所以成为国内最好的数学系之一，其基本的师资队伍和教育经验，奠基于这一时期。

苏步青到复旦大学以后，培养了更多的数学人才，学生中的知名数学家就有谷超豪、胡和生、李大潜等人。这种"青出于蓝而胜于蓝"的现象，被赞誉为"苏步青效应"。这是对苏步青教育贡献最好的总结。此外，苏步青始终对基础教育给予极大关注，在退居二线后仍多次为中学教师开办数学讲习班，更捐出奖金充实"苏步青数学教育奖"。

从 1931 年回国到 2003 年去世的 70 余年间，苏步青培育桃李，辛勤耕耘，为我国的教育事业，尤其是数学教育做出了不可磨灭的贡献。

1 苏步青的学生"数不清"

● 1981年5月数训班校庆返校暨庆贺苏步青从事教育事业50周年留念。前排左四李明忠、左五许永华、左六金福临、左七胡和生、左八谷超豪、左九苏步青、右六欧阳光中、右七李训经、右八李大潜、右九夏道行

● 苏步青与数学系 1958 级学生在课堂上交流

● 1957 年苏步青与行将赴苏联留学的谷超豪讨论研究方向

● 1991年苏步青与早期的学生在复旦大学欢聚。左起白正国、方德植、苏步青、杨忠道、谷超豪

● 1991年苏步青与三四十年代的学生交谈。左起苏步青、张素诚、熊全治、白正国

● 1964年苏步青与在罗泾公社潘桥大队参加三秋劳动的复旦大学数学系67届学生合影。后排左一董玉杰、右六苏步青、右一孙保太

● 1960年4月6日，上海电视大学举行首届开学典礼。典礼结束后，苏步青为大家上第一堂电视课"数学在社会主义建设中的作用"。上海电视大学创办初期，设数学、物理、化学三个系。学制三年。教学任务分别由复旦大学、华东师范大学与华东化工学院一批优秀教师承担

● 1991年苏步青与复旦大学数学系数学研究所的教授们合影。左起分别为胡和生、谷超豪、苏步青、李大潜、忻元龙、洪家兴

● 1980年苏步青和复旦大学数学系师生在数学系资料室合影。左起分别为胡和生、谷超豪、严绍宗、苏步青、李大潜、忻元龙

2 "苏步青效应":培养超过自己的学生

● 1950年代苏步青在指导学生

"苏步青效应"

每周评论

赵红州　蒋国华

苏步青教授是著名的数学家。他培养了我国一代年轻的学者，其中有的已经是世界知名的数学家。有一次，苏先生在接见自己的学生时说，人家都说"名师出高徒"，我看还是"高徒捧名师"。我自己并没有什么了不起的地方，倒是你们出名了，把我捧出了名。但是，我要说，有一点你们还没有赶过我，那就是我培养了一代像你们这样出色的数学家，而你们还没有培养出超过自己的学生。

这是多么崇高的师道，又是多么深刻的哲理呵！苏先生的一席话，可用一句话概括，那就是"教师的天职——培养超过自己的学生。"我们不妨把能培养出超过自己的学生的教育现象谓之"苏步青效应"。

"苏步青效应"是现代科学和现代教育规律的集中体现。根据著名的D·普赖斯指数增长律，现代科学知识的增长，不是线性增长，也不是平方增长，而是以一种特殊的超越函数增长着。用通俗的语言说，那就是每过若干年，知识量就要翻一番。在这种历史条件下，任何一个领域，任何一个学科，如若要保持指数增长的势头，就必须有全新的学科（或领域）不断涌现，而全新的学科领域，又往往需要年轻的科学家或潜科学家去开拓。这样一来，现代科学就为现代教育提出一个生死攸关的问题，那就是如此众多的开拓性的科学人才从哪里来的问题。显然，它要求每一个科学家能培养出更多的超过自己的学生，去完成新兴学科的探索和研究。一个学派，一个国家，如果他们的科学家，只能"复制"自己一样水平的科学人才，只会培养"离开老师就不能走路"的学生，那么，这个学派（或国家）的科学能力，定然迅速地衰落下去。

历史上，几个学派的衰落便是佐证。玻尔是大物理学家，他培养了许多超过自己的学生，这些学生不但完成了他的科学研究纲领，而且还开辟全新的领域，把量子论发展成为量子力学，形成世界知名的哥本哈根学派。玻尔死后，小玻尔虽然学着父亲的办法，精心地领导玻尔研究所的工作，但是，不久就衰落了。还有，冯·卡门学派亦是这样。冯·卡门虽然培养了众多的杰出科学家，形成技术科学领域垂青史的卡门学派。但是，卡门之后，这个学派同样衰落了。究其根源，都在于他们的继承者，不能发挥巨大的"苏步青效应"。

卡汶迪什学派则不然。它创立至今，几经蒙尘，经久不衰。究其原因亦正在于它的几代领导人（如汤姆逊、卢瑟福、布拉格等）都有科学的精神，都能产生巨大的"苏步青效应"。尤其布拉格教授最为典型。一九三七年，当他接任卡汶迪什实验室主任时，核物理的人才都流向美国去了，留给他的是一个烂摊子。是在核物理领域"修补老例"，还是"另辟蹊径"呢？布拉格胸有成竹地对记者说："我们已经教会全世界如何搞核物理了，现在，我们应该教他们搞点别的事情了。"具体的措施，就是支持了两个"科学狂人"。一个是"退伍军人"马丁·赖尔，他想用无线电进行天文观察，另一个人叫佩茨，是个幻想用X光观测血红蛋白的青年人。这两人的想法，都受到核物理学家们的嘲笑，认为他们是"疯子"。但是，布拉格坚定地支持他们。结果这两个弟子，开辟了射电天文学和分子生物学方向。当布拉格退休时，这两个方向上，已经有好几个人获诺贝尔奖金。而布拉格教授却以此为荣，从不妒忌他们。卡汶迪什实验室所以在卢瑟福死后没有象欧文之后那样衰落下去，布拉格的"苏步青效应"非常重要。他让自己的学生"青出于蓝而胜于蓝"，保持了旺盛的创新精神。

显然，"苏步青效应"是现代科学健康发展的基本保证。但是，"苏步青效应"并不是每一个人都能做到的。尤其在现代，科学结构的形成，知识惰性的增加，科学家愈是有成就，就愈难发挥"苏步青效应"。这是因为一个人科学规范一俟形成，这种规范就对异已的知识单元发生强烈的排它性，就象泡里自己提出"不相容原理"，却坚决反对电子自旋概念一样，因为后者是量子力学规范中从来没有的概念，而且是一个青年物理学家克隆尼希提出的。朗道自己是杰出的理论物理学家，却亲自"捡起"了年青的沙皮罗的论文，后者比李政道、杨振宁早三个月提出了"宇称不守恒"概念，却把诺贝尔奖失掉了。更加有趣的是，量子理论的创始人普朗克。他自己最早提出"量子"的概念，同经典力学作了痛苦的告别，但是他又不同意爱因斯坦的"光量子"学说，说这是年轻人的"失足"。可见，发挥"苏步青效应"是何等的困难。相比之下，苏先生在现代科学的条件下，在文明惰性十分强大的东方文化背景下，能如此发挥"苏步青效应"，实乃最值得尊颂、最值得歌颂的"师道"和"师德"呵！

记住吧！教师之道，在于培养出超过自己的学生。这难道不是当前教育体制改革中的一件十分重要之事吗？

- 1985年9月22日《光明日报》头版发表评论员文章，把苏步青倡导的"教师的天职——培养超过自己的学生"概括为"苏步青效应"

• 1964年时任复旦大学副校长的苏步青正在撰写论文

• 1960年代苏步青在讲课

• 1950年代时任复旦大学教务长的苏步青正在查阅资料

• 1978年时任复旦大学校长的苏步青正在给学生上课

023

復旦大學一九五四年科學討論會
數學分組
日程

時間	題目	報告人	主持單位
五月二十七日 下午二時	複變數函數論在蘇聯	陳建功	數學系
	K展空間幾何學的新發展	蘇步青	數學系
五月二十八日 下午二時	對蘇聯教材的體會	金福臨	數學系
第一組	關於有一無限極限的一個函數的福里哀級數對於正指數總和性	周懷衡	數學系
	馬季歐情分方程的複核的貝塞爾函數表示式	陳傳璋	數學系
第二組	曲面基本定理的又一證明	周慕溪	數學系
	特殊的仿射聯絡空間	胡和生	數學系
	平面內單連開集的一些性質	許自省	數學系
五月二十九日 下午二時			
第一組	循環的馬爾可夫鏈	夏道行	數學系
	關於單葉函數論的一些研究	夏道行	數學系
	單葉函數論	龔昇	數學系
第二組	二階非線性方程的整體漸近線穩定性問題	谷超豪	數學系
	平面素的平行移動與非完整流形	谷超豪	數學系
	射影聯絡的安裝問題	谷超豪	數學系

• 1954年复旦大学数学系科学讨论会目录

• 1957年苏步青在复旦大学数学系讨论班上

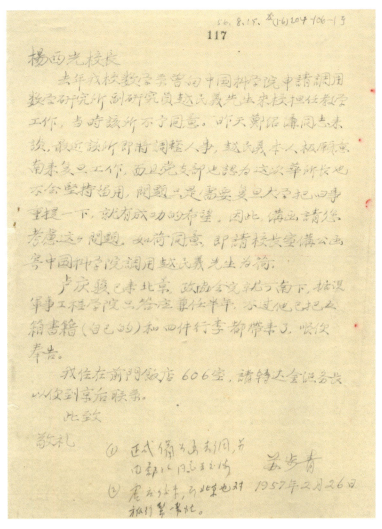

• 苏步青写给时任复旦大学党委书记杨西光的信，为商调中国科学院数学所越民义来复旦工作（1957年2月26日）

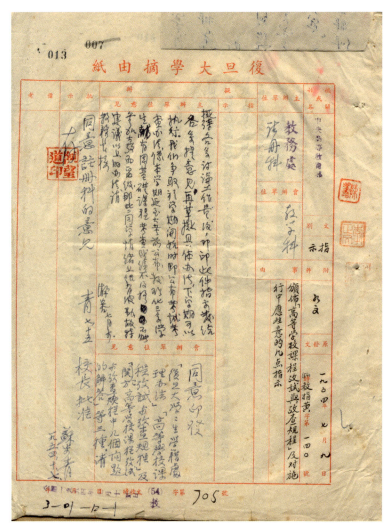

• 苏步青在《高等学校课程考试与考查规程》《复旦大学学生学籍处理办法》等文件上的亲笔批示（1954年10月7日）

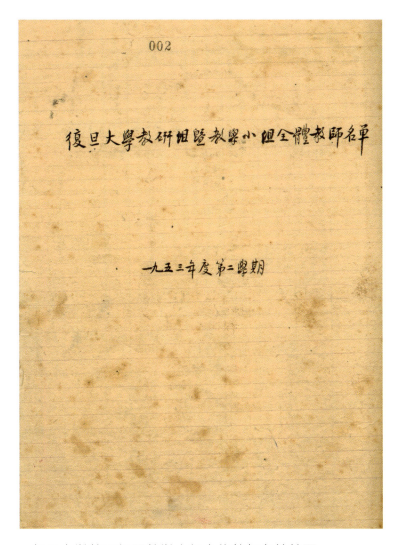

- 复旦大学教研组暨教学小组全体教师名单首页
- 复旦大学数学系各教学小组和教研组名单

- 1952年复旦大学数学系几何学教学小组概况表

- 《高等学校科研机构情况调查表》显示苏步青是复旦大学主管科研的副校长（1960年3月8日）

● 苏门三代四院士合影。站者左起胡和生、李大潜、谷超豪

● 1978年苏步青（右）与谷超豪（中）、李大潜（左）在一起研讨

● 苏步青执教 65 周年庆祝会

● 1997 年 9 月 20 日，苏步青执教 70 周年暨 95 周岁华诞庆祝会

3

安得教鞭重在手，弦歌声里尽余微

● 1988年初上海市中学数学教师第三期讲习班学员分小组与苏步青合影。前排右一华宣积、右四苏步青、右五唐秀颖

● 1985年12月苏步青在中学教师讲习班上授课

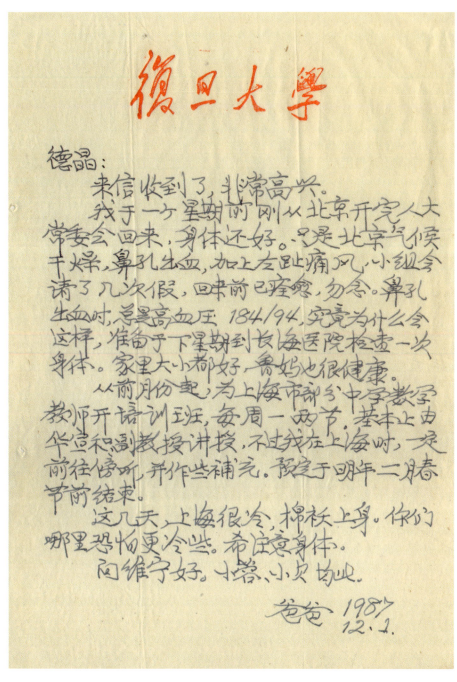

• 1987年12月1日苏步青给女儿苏德晶的信，谈及他为上海市部分中学数学教师开办培训班的工作情况

• 1985 年苏步青在课间辅导学生

• 1978 年苏步青在上海市数学竞赛颁奖大会上为第一名获得者李骏（左一）颁奖

● 苏步青与光明中学师生合影

● 1980年代苏步青在学校听课

● 苏步青与中学生座谈

● 苏步青为中学生题词

● 1993年第二届"苏步青数学教育奖"颁奖典礼全景

● 1993年第二届"苏步青数学教育奖"获奖代表领奖

德晶：

　　8.22日来信于8.26日收到，知道你一家近况，心里得到安慰。维宁手术后经过如何，务必关照毛毛多加护理。关于小蓉今后如何安排，是很复杂的问题，管是难管的，不管也不行，希望维宁康复后，好好想贝贝的户口问题、小蓉的工作安排等，不能一拖再拖，苦至置之不理的地步，建议你们和毛毛商量"之。

　　关于"苏步青数学教育奖"的问题，说来话长：一两年前，华人数学家项武义教授和夫人谢婉贞教授（生物学）提出每人每年捐助一万元人民币作为我校数学研究所所长发起、对中等学校数学教师的奖励金。经谷超豪教授与上海市教育局袁采局长（我数学系毕业）商讨之后，扩大一些资助单位包括市教育局、市中小学幼儿教师奖励基金会（我当副理事长）等，组织一个理事会，谷超豪任理事长，定名为《苏步青数学教育奖》。这回首次颁奖中，两强个数学教学实验组和三位中学教师各分别获奖6,000元和2,000元。以后，每两年发奖一次，并将扩大到浙江省和江苏省去。经过就是这样。

　　从华东医院回家以来，忽又一个多月了。上海前些时候大热特热，最高达38.4°C。那时，我天天躲在空调里，多休息，少看书，平安渡了过来。今天凌晨大暴雨，上海又值大潮汛，情况相当紧张。

　　就写到这里。问维宁好。

　　　　　　　　　　　爸爸　1992
　　　　　　　　　　　　　　8.31

- 1992年8月31日苏步青在给女儿德晶的信中，详述了"苏步青数学教育奖"的设立过程

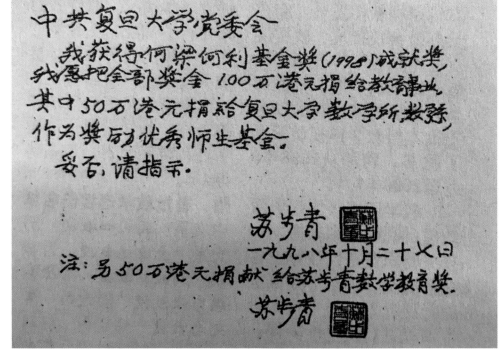

• 1998年11月12日《复旦》校报发表苏步青捐赠何梁何利基金学术成就奖资金的消息

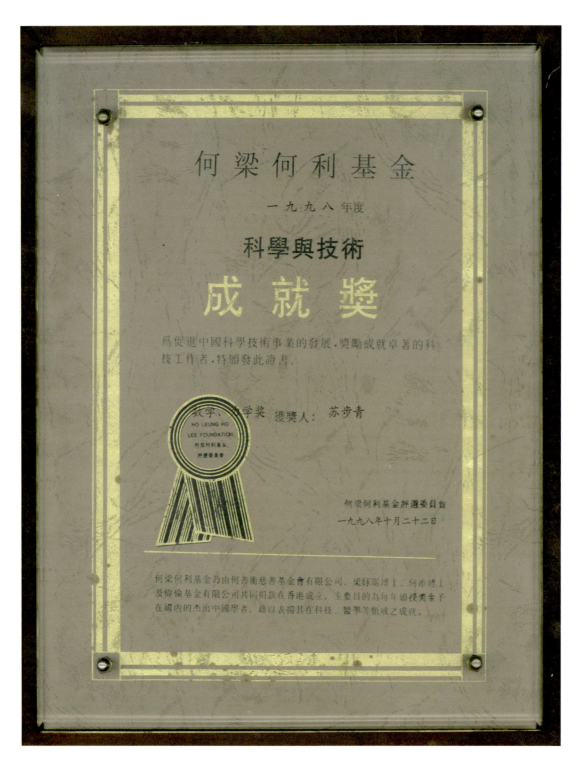

● 苏步青荣获 1998 年度"何梁何利基金科学与技术成就奖"的奖牌

• 1985年12月苏步青在中学教师讲习班上授课

• 第四届"苏步青数学教育奖"颁奖典礼暨经验交流会

● 苏步青、谷超豪在第九届全国中学生数学冬令营闭幕式上

● 1990年6月苏步青与青少年朋友在一起

"苏步青数学教育奖"第一至三届获奖名单

1992 年第一届

团体奖
上海市青浦县数学教改实验小组
大同中学《中学数学实验教材》实验研究组

个人奖
曾　容　复旦大学附中
李大元　南市区教育学院
金荣熙　徐汇区位育中学

1994 年第二届

团体奖
福建师范大学附属中学数学教研组
江苏省常州市教研室平面几何（入门）教学研究组
浙江省义务教育初中数学教材编委会
上海中小学课程教材改革委员会数学教材编写组
华东师范大学第二附属中学数学教研组

个人奖
王　永　福建省教委普教室
张远南　福建省南平市教师进修学校
张振国　江苏省连云港市新海中学

李庾南　江苏省南通市启秀中学
解启法　浙江省黄岩市金清中学
叶凭文　浙江省丽水市梅山中学
余应龙　上海市杨浦区教育学院
胡仲威　上海市松江县第二中学

1996 年第三届

团体奖

上海市格致中学数学教研组
江苏省吴江市桃园中学数学教研组
福建省福州市第一中学数学教研组

个人奖

陈国华　江西省南昌铁路一中
凤良仪　安徽省安庆市数学研究室
许克用　浙江省宁波市镇海中学
康　宇　江西省赣县中学
李冬生　山西省河曲县巡镇中学
沈倩文　江苏省连云港市职教中心
唐盛昌　上海市上海中学
林元密　福建省三明市第一中学
叶天碧　浙江省杭州市教学研究室
冯守训　山西省教学研究室
张家庆　安徽省芜湖市第二十五中学

第四篇

平添簧舍三千子，畅览神州七八春

(14)
$$\beta = \frac{\xi_0 + \xi_1 + \xi_2 + \sqrt{3}}{\xi_0 + \varepsilon \xi_1 + \varepsilon^2 \xi_2} = \frac{\xi_0 + \varepsilon^2 \xi_1 + \varepsilon \xi_2}{\xi_0 + \xi_1 + \xi_2 - \sqrt{3}}$$

so that

(15)
$$du = \frac{\sqrt{3}}{2}\left(-\frac{d\alpha}{\alpha^3 - 1} + \frac{\beta\, d\beta}{\beta^3 - 1}\right)$$
$$dv = \frac{\sqrt{3}}{2}\left(\frac{\alpha\, d\alpha}{\alpha^3 - 1} - \frac{d\beta}{\beta^3 - 1}\right)$$

and

(16)
$$\frac{\partial \alpha}{\partial u} = \frac{2}{\sqrt{3}}\frac{\alpha^3 - 1}{\alpha\beta - 1},\quad \frac{\partial \beta}{\partial u} = \frac{2}{\sqrt{3}}\frac{\beta^3 - 1}{\alpha\beta - 1}$$
$$\frac{\partial \alpha}{\partial v} = \frac{2}{\sqrt{3}}\frac{\beta(\alpha^3 - 1)}{\alpha\beta - 1},\quad \frac{\partial \beta}{\partial v} = \frac{2}{\sqrt{3}}\frac{\beta^3 - 1}{\alpha\beta - 1}$$

Substituting these values in (2), we get

(17)
$$\mathcal{E} = -\iint\left\{\left[\frac{\alpha\beta + 1}{\alpha\beta - 1}(\vec{x}\times\vec{x}_\alpha) + \frac{2\alpha(\beta^3 - 1)}{(\alpha^3 - 1)(\alpha\beta - 1)}(\vec{x}\times\vec{x}_\beta)\right]d\alpha\right.$$
$$\left. -\left[\frac{2\beta(\alpha^3 - 1)}{(\alpha\beta - 1)(\beta^3 - 1)}(\vec{x}\times\vec{x}_\alpha) + \frac{\alpha\beta + 1}{\alpha\beta - 1}(\vec{x}\times\vec{x}_\beta)\right]d\beta\right\}$$

The general solution of (3) for this case is of the form

本篇聚焦作为大学校长和社会活动家的苏步青。主要介绍他晚年在教育、政治等领域所做的工作及取得的成就。

1977年8月，邓小平邀请全国30多位著名人士到北京座谈科学和教育工作。会上苏步青踊跃发言，提议恢复大学研究生培养制度，建议改进学术刊物的印刷出版工作。这些建言马上得以实施，为科学教育界的拨乱反正做出了贡献。在1978年这历史转折的紧要关头，苏步青受命于百废待兴之际，出任复旦大学校长，为学校重上正轨、与国外学术界建立联系做了大量工作。同时，他在教学和科研上也焕发出新生命力，1979年创办《数学年刊》并担任主编，催生了计算几何这一新的学科。1982年1月，全国计算几何协作组在苏步青领导下成立。

1983年，苏步青从校长岗位退居二线，仍担任复旦大学名誉校长，同时还担任第七届上海市人大常委会副主任、第四和第五届民盟中央副主席等重要社会职务，1987年1月当选民盟中央参议委员会主任委员，1988年当选第七届全国人民代表大会代表、全国人大常委会委员，并担任全国政治协商会议副主席，为国家和人民"做到老，学到老"。

1 此身到老属于党，参政议政为人民

● 1977年8月苏步青参加由邓小平同志召集的部分科学和教育工作者座谈会并首先发言，畅谈科技队伍建设和恢复招收研究生等问题

苏步青担任的重要社会职务

第二、三、七届全国人大代表
第五、六届全国人大常委会委员
第二届全国政协委员
第七、八届全国政协副主席

第七届上海市人大常委会副主任
政协第五届上海市委员会副主席

民盟第四、五、六届上海市副主任委员
民盟第四、五届中央副主席
民盟第一、二、三届中央参议委员会主任
民盟第八、九届中央名誉主席

上海市对外文化交流协会会长
中国对外友好协会上海分会会长、名誉会长
中国科学技术协会名誉委员
全国人大教育科学文化卫生委员会副主任委员

● 苏步青在办公室

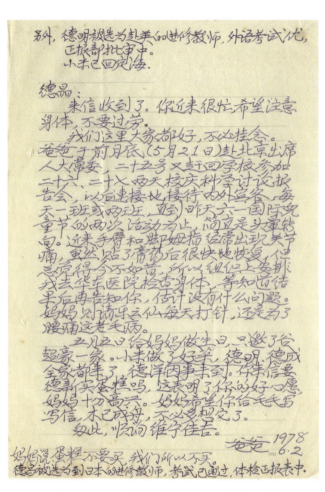

● 1978年6月2日苏步青给女儿苏德晶的信,真切反映了他当时繁忙的工作状态

● 苏步青生前办公桌原貌

• 1977年11月5日苏步青（前排左一）、卢于道（前排左二）等出席陈望道同志追悼会

● 1978年苏步青在中国科学院上海分院群英会上。左起李国豪、苏步青、王应睐

● 1982年4月苏步青、钟民、陈国栋、赵超构、胡立教、汪道涵（从左至右）在一起交谈

• 1982年4月上海市第七届人民代表大会第四次会议主席团合影。右三苏步青

● 1988年6月苏步青与江泽民同志在"太平洋地区经济发展与中国国际研讨会"上交流

● 1990年4月苏步青出席能源经济研讨会(上海)。左为库尔特·威塞加尔特(Kurt Wiesegart)博士

2 积极建言献策，呼吁重建教学秩序

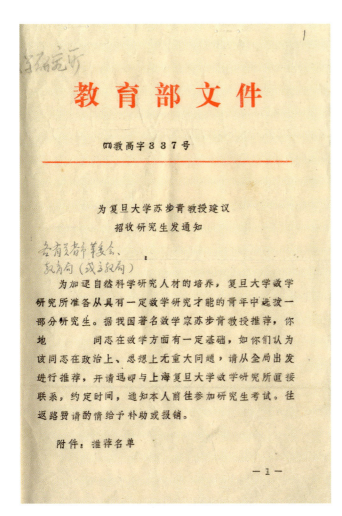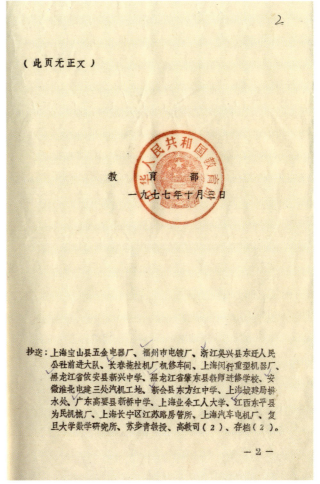

• 1977年 教育部发布文件《为复旦大学苏步青教授建议招收研究生发通知》

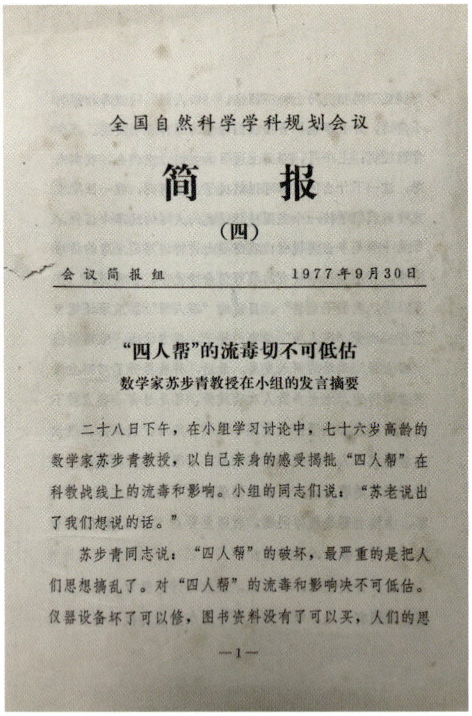

全国自然科学学科规划会议

简　报

（四）

会议简报组　　　　1977年9月30日

“四人帮”的流毒切不可低估

数学家苏步青教授在小组的发言摘要

二十八日下午，在小组学习讨论中，七十六岁高龄的数学家苏步青教授，以自己亲身的感受揭批“四人帮”在科教战线上的流毒和影响。小组的同志们说：“苏老说出了我们想说的话。”

苏步青同志说：“四人帮”的破坏，最严重的是把人们思想搞乱了。对“四人帮”的流毒和影响决不可低估。仪器设备坏了可以修，图书资料没有了可以买，人们的思

—1—

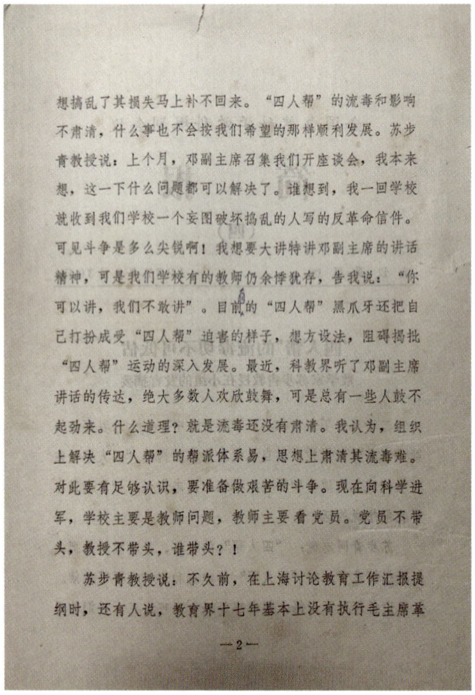

想搞乱了其损失马上补不回来。“四人帮”的流毒和影响不肃清，什么事也不会按我们希望的那样顺利发展。苏步青教授说：上个月，邓副主席召集我们开座谈会，我本来想，这一下什么问题都可以解决了。谁想到，我一回学校就收到我们学校一个妄图破坏捣乱的人写的反革命信件。可见斗争是多么尖锐啊！我想要大讲特讲邓副主席的讲话精神，可是我们学校有的教师仍余悸犹存，告我说：“你可以讲，我们不敢讲”。目前的“四人帮”黑爪牙还把自己打扮成受“四人帮”迫害的样子，想方设法，阻碍揭批“四人帮”运动的深入发展。最近，科教界听了邓副主席讲话的传达，绝大多数人欢欣鼓舞，可是总有一些人鼓不起劲来。什么道理？就是流毒还没有肃清。我认为，组织上解决“四人帮”的帮派体系易，思想上肃清其流毒难。对此要有足够认识，要准备做艰苦的斗争。现在向科学进军，学校主要是教师问题，教师主要看党员。党员不带头，教授不带头，谁带头？！

苏步青教授说：不久前，在上海讨论教育工作汇报提纲时，还有人说，教育界十七年基本上没有执行毛主席革

—2—

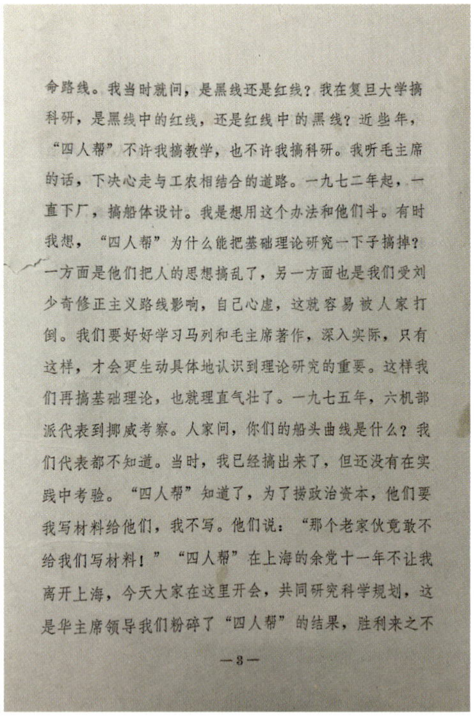

命路线。我当时就问，是黑线还是红线？我在复旦大学搞科研，是黑线中的红线，还是红线中的黑线？近些年，“四人帮”不许我搞教学，也不许我搞科研。我听毛主席的话，下决心走与工农相结合的道路。一九七二年起，一直下厂，搞船体设计。我是想用这个办法和他们斗。有时我想，“四人帮”为什么能把基础理论研究一下子搞掉？一方面是他们把人的思想搞乱了，另一方面也是我们受刘少奇修正主义路线影响，自己心虚，这就容易被人家打倒。我们要好好学习马列和毛主席著作，深入实际，只有这样，才会更生动具体地认识到理论研究的重要。这样我们再搞基础理论，也就理直气壮了。一九七五年，六机部派代表到挪威考察。人家问，你们的船头曲线是什么？我们代表都不知道。当时，我已经搞出来了，但还没有在实践中考验。“四人帮”知道了，为了捞政治资本，他们要我写材料给他们，我不写。他们说：“那个老家伙竟敢不给我们写材料！”“四人帮”在上海的余党十一年不让我离开上海，今天大家在这里开会，共同研究科学规划，这是华主席领导我们粉碎了“四人帮”的结果，胜利来之不

—3—

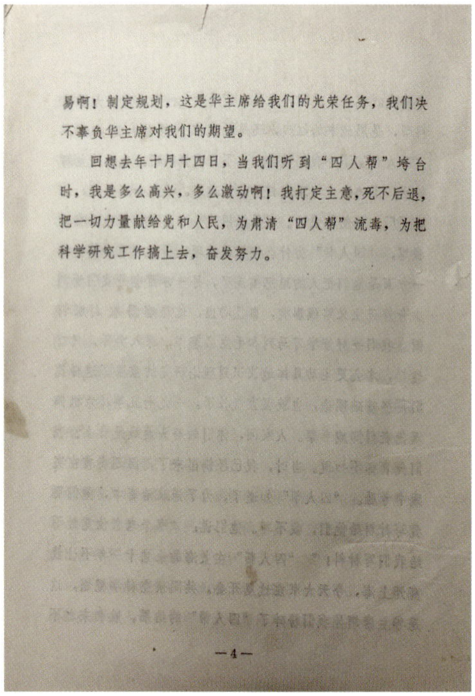

易啊！制定规划，这是华主席给我们的光荣任务，我们决不辜负华主席对我们的期望。

回想去年十月十四日，当我们听到“四人帮”垮台时，我是多么高兴，多么激动啊！我打定主意，死不后退，把一切力量献给党和人民，为肃清“四人帮”流毒，为把科学研究工作搞上去，奋发努力。

—4—

• 1977年9月30日《全国自然科学规划会议简报（四）》发表的苏步青在会议上揭批“四人帮”的发言摘要

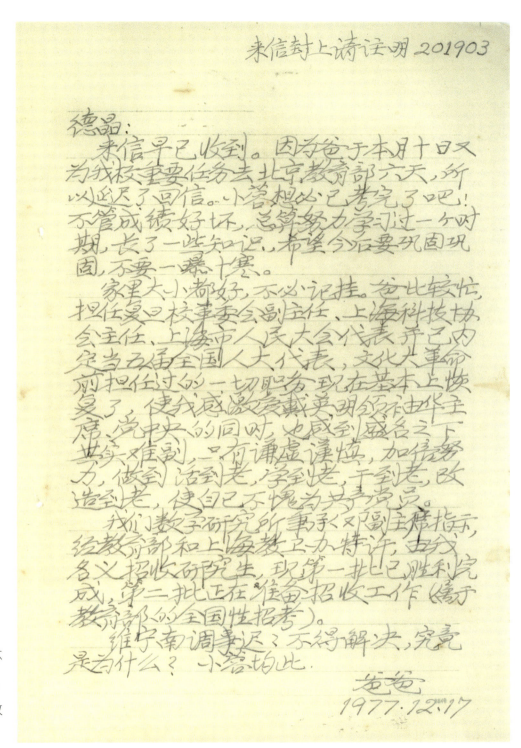

• 1977年12月17日苏步青在给女儿苏德晶的信中谈到,秉承邓小平同志指示,复旦大学数学研究所经教育部和上海教卫办特许已经开始招收研究生

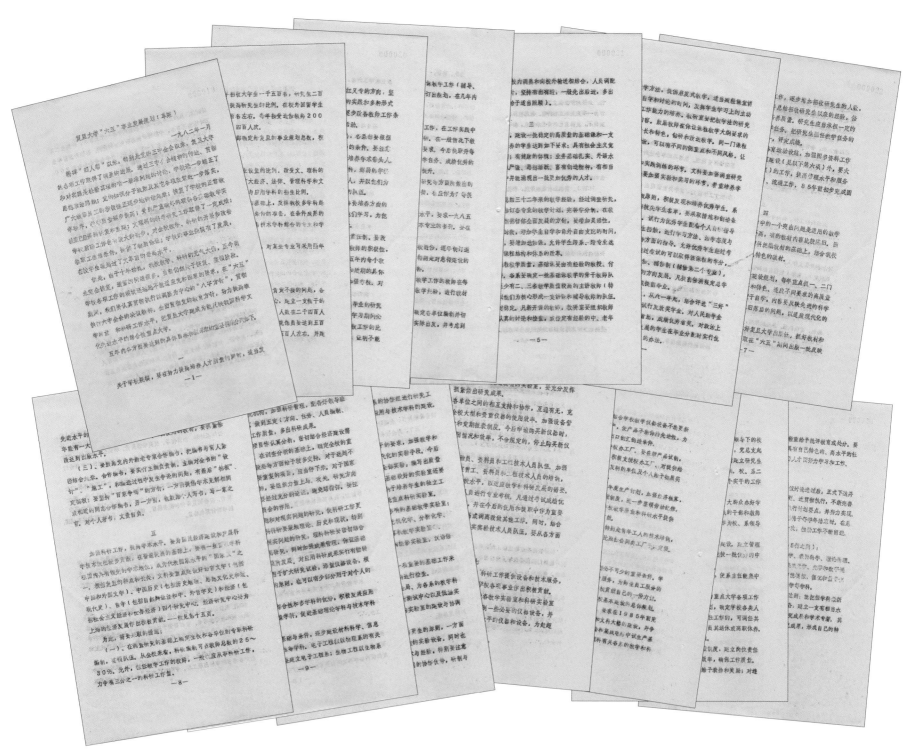

1982年1月制订的《复旦大学"六五"事业发展规划(草案)》

苏步青在1979年12月6日的《人民日报》上发出"给高等学校一点自主权"的呼吁

上海复旦大学与
美国纽约州立大学石溪分校协议
备忘录

鉴于双方认识到复旦大学和纽约州立大学石溪分校之间存在着共同利益；鉴于双方认为通过进一步密切合作能互得裨益；鉴于双方都有共同意愿扩大和加强两校通过著名学者的互访已确立的关系，兹签订本协议备忘录，以为今后两校同意发展校际关系提供一个灵活机动的方案。

目的

建立校际关系的目的是为了通过促进教师和专业人员在从事教学、科研、后勤工作等方面的系统的、不间断的交流机会以及客座学生进行学习方面的交流机会加强两校的学术合作。

交流互访人员的范围

双方拟交流以下几种互访人员：

1. 访问教授

在财力许可的范围之内，双方聘请对方的教师到本校任客座教师。访问教授将从事适合于对方院校的教学和科研规划需要的教学和学术活动，或只从事两者中一项活动。

对方院校对访问教授的费用支付视其执行的任务而定，并须与两校的方针政策相一致。在一般情况下，访问教授的国际旅行费由派出一方承担。在访问对方国期间的国内旅行费将由接受一方按其政策和财力许可的程度支付。

2. 访问学者

一方选派到另一方进行科研方面的特殊训练或从事某个特定的学术活动的人员，须在对方院校的批准才可作为访问学者参加对方合适的学术机构。

访问学者的国际旅行费和生活费均由派出一方承担。如果在对方国所预计的旅行费超出该学者的支付能力，而且对方院校根据其政策又不能提供此项费用，那么此项费用的支付来源须在访问批准时协商解决。

3. 客座学生

各校选派的合格学生将作为客座学生为对方所接收，按批准的学习方案从事进修。客座学生由派出一方推荐并经接收一方批准可在对方院校进修学位。

双方每年四月一日前须协商确定下一年接收客座学生的人数。人数的多少取决于各校规划中所能提供的学习机会，取决于各校的财力来源，取决于合格申请者的人数。

客座学生的国际旅行费一般均由派出一方承担。

双方认为，按对等的人数进行交流是个理想的目标，但在校际联系建立的初期这一点不一定能做到。

被选派的上述任何一种访问人员赴对方院校后在学术经费和学术辅助设备方面与接受访问人员的那一系中具有同等学术水平的其它人员享有同等待遇。如活动经费超出该系在一般情况付来源须在批准访问者之前协

各校同意为访问人员使用条件提供帮助。

本协议签订双方只对交流属负责。陪同随行的妻子和家

各校同意为每个交流人员或提供其中一项，上述费用均

如果客座学生申请状况不学习费用，那承担这笔费用的

计划

各校将向对方提供课程设地交流教师和学生主办的刊物关情况。诸如两校的图书馆构的主任将互通情报并寻找相

复旦—石溪交流计划的主和执行计划。各主任将向对方历和志愿等情况。双方认为，展前途的人才。访问人员的聘

双方在每年春季审议下一流计划的主任互相了解特定的需要，以及用于各校选派和接定于九月一日开始执行的

• 1979年7月苏步青签署的《复旦大学与美国纽约州立大学石溪分校协议备忘录》

流访问人员拟议中的财力，这笔费用的支

或科研所需要的校外

概不对其妻子和家个人承担。

疗保险和健康福利担。

一方支付其生活费或学前协商解决。

的情况。两校将定期简报以及学校其它有类主要的学术辅助机

校长任命，负责协调交流人员的学历、履术水平最高并最有发收一方批准。

的延议。两校通过交供交流的机会和特殊资金筹措情况。

须在此年五月一日报

请各校的校长批准。

复旦和石溪希望建立一种长期的卓有成效的校际学术联系。双方认为，要充分实现这种联系的潜力，就得需要寻找两校在一般情况下无法提供的财源。在本备忘录的基础上，双方将设法在本国物色合适的渠道，开辟财源，这样能使这种校际联系不仅多样化，而且更好地发挥作用。

本备忘录所确定的这种联系的开始阶段定为三年一期，到一九八二年七月一日期满结束。如果双方愿意的话，本协议可在一九八二年春季重新洽谈予以展期。本备忘录经双方同意可在任何时候作修正。双方在任何一年年底可解除本约，只要在当年五月一日通知对方。

双方认为本协议的条款须经中华人民共和国教育部和纽约州立大学总校校长以及董事会批准。后者的批准权是根据纽约州的法令授与的。

复旦大学　　　　　纽约州立大学石溪分校

苏步青　　　　　　T. Alexander Pond

日期1979年7月11日　日期1979年July月11日

Charles B. Neff
FOR THE STATE UNIVERSITY
OF NEW YORK

附　件

1980—1981年度初步规划

根据复旦大学与纽约州立大学石溪分校学术交流和科研合作的协议，双方同意1980—1981年度开始进行以下几方面的交流：

一、预计复旦大学将在表面物理、低温超导、核物理、计算机科学和工程、光信息处理、高分子化学和物理、进化与生态遗传学、分子生物学、管理科学、图书馆学等方面选派客座学生或访问学者二至三名去石溪分校学习。

二、石溪分校将在中国文学、中国历史、中国哲学史、中国经济史、数学、物理学等方面选派相应人员和人数至复旦学习。

三、复旦大学与石溪分校杨振宁教授合作的理论物理研究继续进行。

四、复旦大学与石溪分校核结构实验室和生物实验室分别合作进行实验核物理和进化和分子遗传学的研究。

五、复旦大学与石溪分校合作进行低能电子衍射的研究。

六、双方同意为1980—1981年度寻找资金来源以支付双方商定的客座学生和访问学者的人数在对方校院学习的生活费。

复旦大学　　　　　纽约州立大学石溪分校

苏步青　　　　　　T. Alexander Pond

日期1979年7月11日　日期1979年July月11日

● 1983年10月苏步青出席复旦大学博士学位授予大会

• 1980年复旦大学党委第一书记夏征农（左）、校长苏步青（右）与上海市委第一书记陈国栋（中）交谈

• 1980年校长苏步青在庆祝复旦大学建校七十五周年暨第十四次科学报告会上讲话

3
引入先进研究成果，开展国际交流合作

- 1950 年代会见中日友好协会成员来访

● 1955年12月苏步青（右一）参加以郭沫若（右三）为团长的中日科学代表团在日本般若院考察

● 1957年苏步青在上海与罗马尼亚数学家弗朗齐亚努（C. T. Vranceanu）院士合影

• 1957年时任复旦大学副校长苏步青(左二)、时任复旦大学党委书记杨西光(右一)与苏联专家柯希切夫在火车站合影

• 1959年苏步青在罗马尼亚铁米沙拉大学做专题学术报告

• 1980年1月苏步青代表复旦大学授予杨振宁博士复旦大学名誉教授称号

• 1982年3月苏步青代表复旦大学授予李政道博士名誉教授称号

● 1982年6月苏步青与法国信息与自动化国立研究所（INRIA）所长、法国科学院院士里翁斯（J. L. Lions）教授在巴黎合影。右起苏步青、里翁斯、李大潜

● 1982年6月苏步青在比利时根特与根特大学校长A. Cottenie签订校际交流协议。前排左起苏步青、A. Cottenie

• 1979年6月苏步青率领上海科学代表团访问日本千叶

• 1980年苏步青代表复旦大学授予国际著名化学家多林教授名誉教授称号

● 1980年10月21日苏步青校长向来访的法国总统德斯坦赠送礼物

● 1982年6月苏步青在巴黎与法国综合工科大学（École Polytechnique）校长 Saunier 将军（右一）签署合作交流协议。左二李大潜

● 1983年4月苏步青率中国数学会代表团访问日本。前排左起王元、苏步青、胡和生

● 1983年10月29日复旦大学授予日中协会会长茅诚司名誉博士学位

● 1984年，苏步青在校长室接待日本专家山本昭平、吉俊美等

● 1984年11月苏步青在日本创价大学接受名誉博士学位时与创价学会名誉会长池田大作（左）亲切交谈

● 1985年10月7日，时任复旦大学名誉校长的苏步青会见日本数学家森本

● 1985年10月22日，时任复旦大学名誉校长的苏步青会见来访的日本早稻田大学代表团

关于在复旦大学设立《记念茅 诚司奖学金》的备忘录

一. 遵照已故日中协会第一任会长茅 诚司先生要珍惜日中友好合作关系发展的遗志，特在复旦大学设立《纪念茅 诚司奖学金》。

二. 享受该奖学金的对象限于在复旦大学学习的中国学生、研究生，并由复旦大学决定之。人数为每年三十名；时间为每年9月起至次年8月止；金额为每人每月人民币50元。

三. 复旦大学每年8月向日中协会提供享受奖学金的学生名单与专业或研究课题，日中协会当年9月将该奖学金折成日币汇至复旦大学。

四. 该奖学金暂定为一期五年，即1989年9月至1994年8月止。以后由日中协会与复旦大学另行商定之。

复旦大学校长　　　　　　日中协会会长

1989年4月4日于上海

- 由时任复旦大学校长华中一与日中协会会长向坊隆签署的《关于在复旦大学设立"纪念茅诚司奖学金"的备忘录》

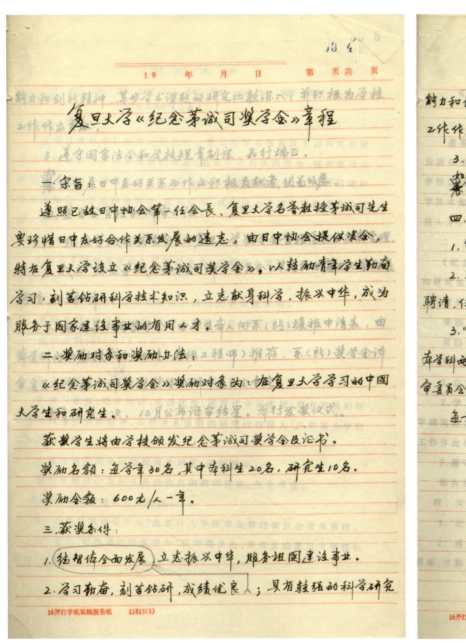

• 复旦大学"纪念茅诚司奖学金"章程

● 1987年5月,苏步青在上海与法国科学院院士 J. Leray 教授夫妇合影

第五篇

黄冠翠袖足清闲，淡泊生涯水石间

诗词在苏步青生命中占有很大比重。他自幼酷爱阅读古文和诗词，从在牛背上读《千字文》，到熟读《左传》《古文观止》《史记》等，尤其钟情于苏东坡的诗歌和书法。青年时代，热爱读诗的他开始自己写诗。1994年，北京群言出版社影印出版了由他本人手写的《苏步青业余诗词钞》，共收录近体诗444首、词60首。这位数学家的一生，与诗为伴、与诗结友、借诗抒情，数诗交融，岂不乐哉。本篇聚焦于他的业余爱好和家庭、朋友，向读者呈现一个富有生活情趣的苏步青。

苏步青认为，数学和诗歌看似截然不同，其实有相通之处，都十分重视想象，所以并不互相排斥。这是文理相通的朴素哲理。他身上体现了数与诗的自如交融，堪称中国优秀传统文化与现代自然科学相结合的典范。苏步青的成才道路和知识结构给今天的大学通识教育树立了一个标杆。

长期浸润于传统文化造就了苏步青敦厚、超脱的性格。尽管他一家抗战时期栖身于贵州湄潭的破庙，食不果腹，衣服也缀满了补丁（被学生戏称为"几何图形"），但他身在"陋巷"却不改其乐，与另外几位同事结成诗社，定期吟诗作赋，品香茗，赏美景，或论战事，或谈理想，终竟乐以忘忧，以至于这多事之秋竟成为他学术生涯的一个高峰期。到了晚年，他有了更多的时间写诗作词、练习书法。身后留有墨宝无数，复旦校园内"燕园"和曦园内的"卿云亭"就是他的手迹；留下诗词五百余首，结为诗集多部，其中多有佳作。

苏步青关爱学生，视如己出，亲如家人。传道授业，老而不倦。家庭生活中的苏步青则用情至深、体贴负责。他与妻子松本米子相识于日本，两人情投意合，婚后相敬如宾、相濡以沫，留下了诸多动人的佳话。他一生交友甚广，其中为人所知的就有日本同窗茅诚司，还有竺可桢、陈望道等国内学界名流。

苏步青更是一位运动"达人"。他能享101岁高寿，与他多年重视健身养生是分不开的。足球、网球、乒乓球、自行车、划船、登山、游泳……他年轻时样样都擅长。75岁之前，他一直用冷水浴锻炼身体，即使寒冬也不例外；晚年还自创了一套"练功十八法"。他的生活，充满了人生智慧，给予我们无穷的启示。

1 数与诗的交融

● 1988 年苏步青在家中吟诗习字

•《苏步青业余诗词钞》封面

•《苏步青业余诗词钞》内页

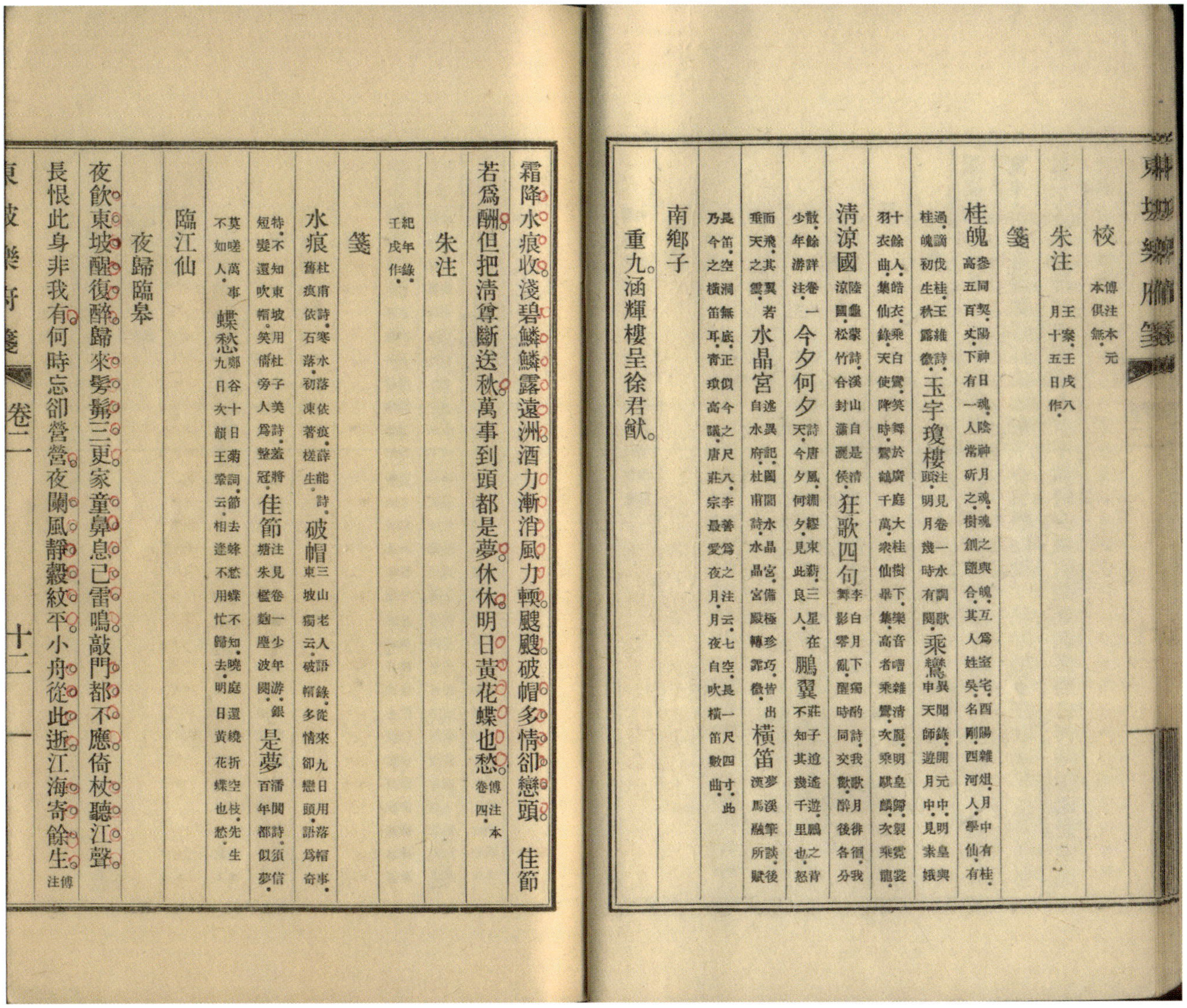

東坡樂府箋

校　（傳注本元本俱無）

朱注　（王案壬戌八月十五日作）

箋

桂魄（參同契陽神日魂陰神月魂魂之與魄互爲室宅酉陽雜俎月中有桂高五百丈下有一人常斫之樹創隨合其人姓吳名剛西河人學仙有過謫伐桂王維詩桂魄初生秋露微）玉宇瓊樓（注見卷一水調歌頭明月幾時有闋）乘鸞（異聞錄開元中明皇與申天師遊月中見素娥十餘人皓衣乘白鸞笑舞於廣庭大桂樹下樂音嘈雜清麗明皇歸製霓裳羽衣曲集仙錄天使降時鸞鶴千萬衆仙畢集高者乘鸞次乘麒麟次乘龍）

清涼國（陸龜蒙詩溪山自是清涼國松竹合封蕭灑侯）狂歌四句（李白月下獨酌詩我歌月徘徊我舞影零亂醒時同交歡醉後各分散餘詳卷一少年游注）今夕何夕（詩唐風綢繆束薪三星在天今夕何夕見此良人）鵬翼（莊子逍遙遊鵬之背不知其幾千里也怒而飛其翼若垂天之雲）水晶宮（述異記闔閭水晶宮備極珍巧皆出自水府杜甫詩水晶宮殿轉霏微）橫笛（夢溪筆談後漢馬融所賦長笛空洞無底正似今之尺八李善爲之注云七空長一尺四寸此乃今之橫笛耳青瑣高議唐莊宗最愛夜月月夜自吹橫笛數曲）

南鄉子

重九。涵輝樓呈徐君猷。

霜降水痕收淺碧鱗鱗露遠洲酒力漸消風力軟颼颼破帽多情卻戀頭　佳節若爲酬但把清尊斷送秋萬事到頭都是夢休休明日黃花蝶也愁（傳注本卷四）

朱注　（紀年錄壬戌作）

箋

水痕（杜甫詩寒水落依痕薛能詩舊痕依石落初凍著槎生）破帽（三山老人語錄從來九日用落帽事東坡獨云破帽多情卻戀頭語爲奇特不知東坡用杜子美詩羞將短髮還吹帽笑倩旁人爲整冠）佳節（注見卷一少年游銀塘朱檻麴塵波闋）是夢（潘閬詩須信百年都似夢莫嗟萬事不如人）蝶愁（鄭谷十日菊詩節去蜂愁蝶不知曉庭還繞折空枝先生九日次韻王鞏詞云相逢不用忙歸去明日黃花蝶也愁）

臨江仙

夜歸臨皋

夜飲東坡醒復醉歸來髣髴三更家童鼻息已雷鳴敲門都不應倚杖聽江聲　長恨此身非我有何時忘卻營營夜闌風靜縠紋平小舟從此逝江海寄餘生（傳注）

東坡樂府箋　卷二　十二

● 苏步青仔细圈点过的《东坡乐府笺（下）》

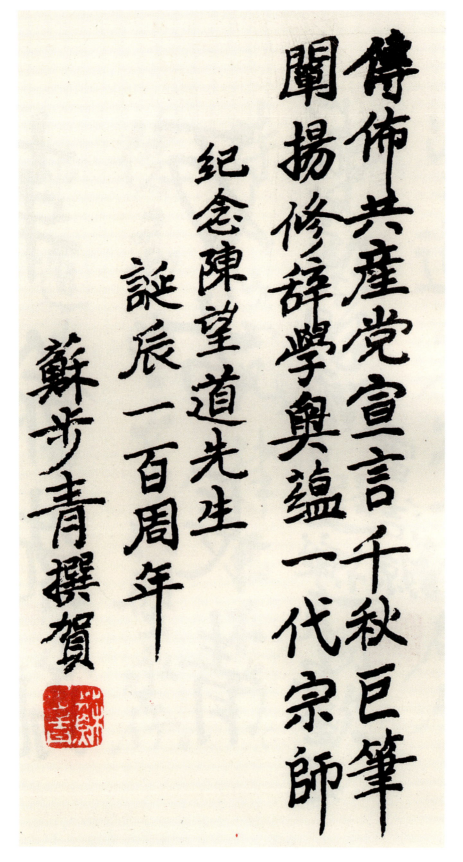

1991年苏步青为纪念陈望道诞辰一百周年题词

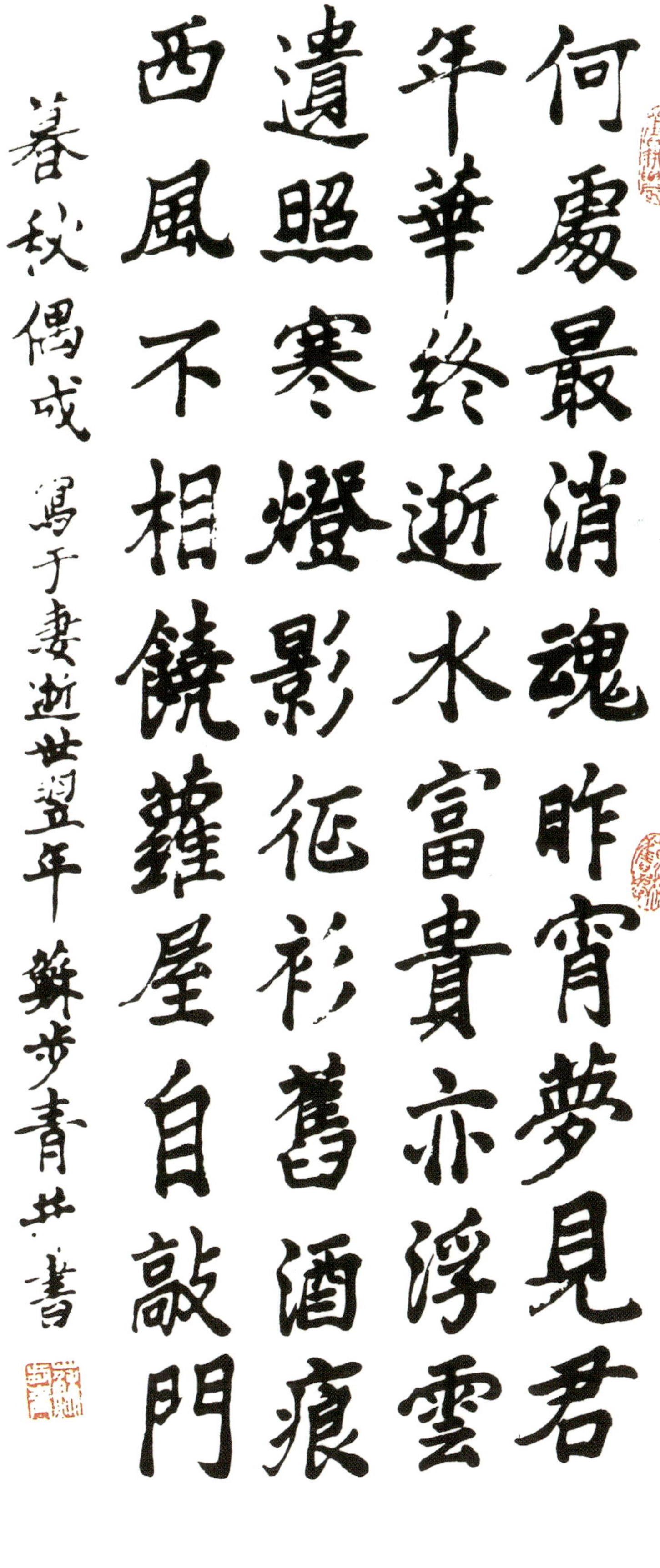

何處最消魂　昨宵夢見君
年華終逝水　富貴亦浮雲
遺照寒燈影　征衫舊酒痕
西風不相饒　蘀屋自敲門

暮秋偶成　寫于妻逝世翌年　蘇步青并書

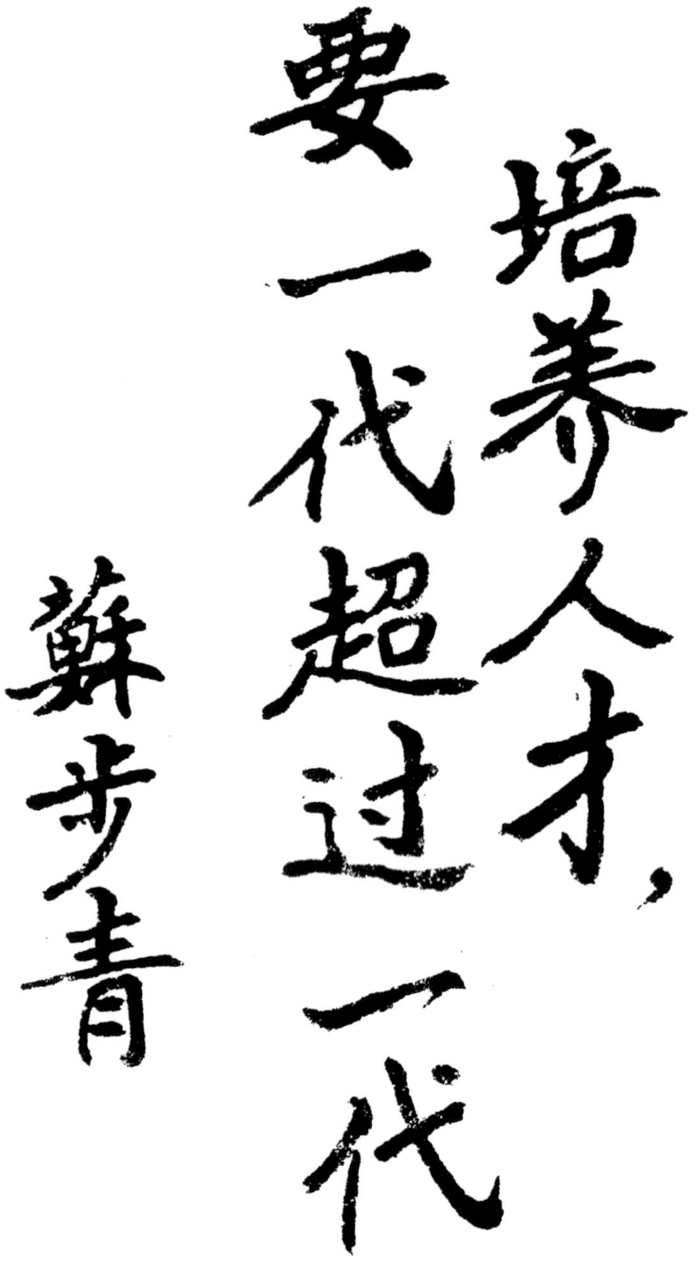

培养人才，要一代超过一代

苏步青

• 苏步青题词

珍惜九十春秋丰硕业绩
勇奔廿一世纪广阔前程

复旦大学九十周年校庆志庆 苏步青

• 1995年苏步青为复旦大学建校90周年题词

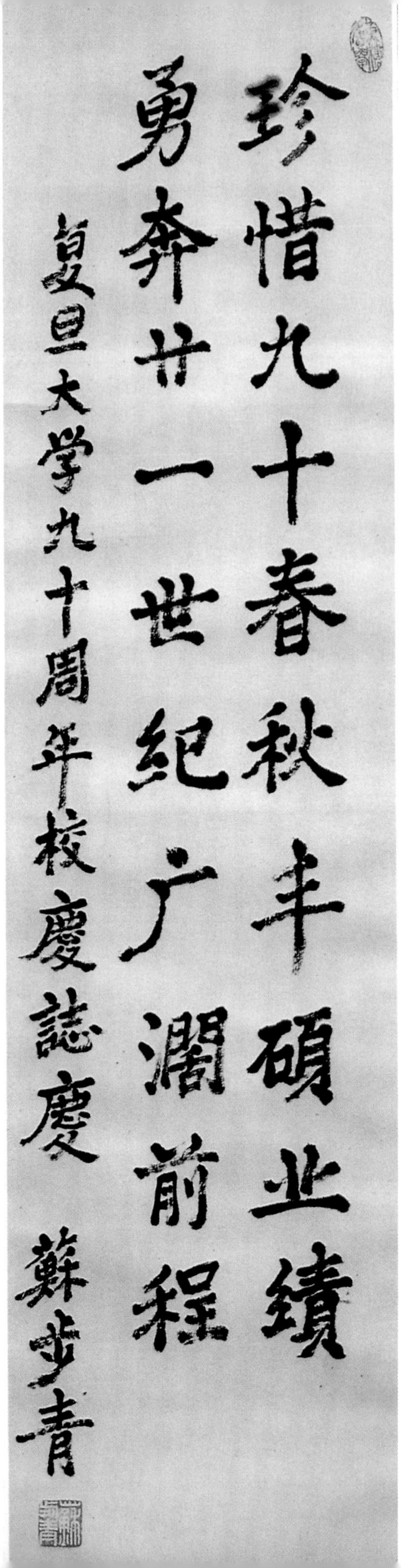

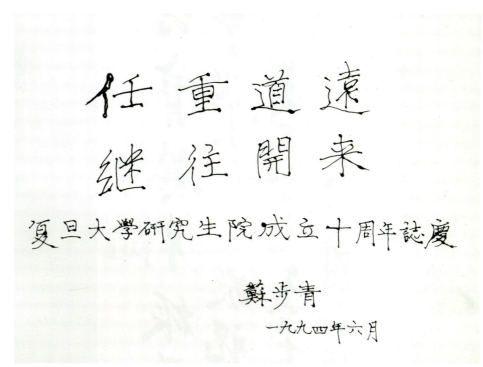

• 1994年 苏步青为复旦大学研究生院成立十周年题词

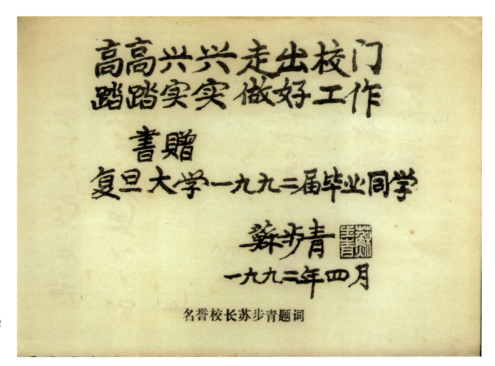

• 1992年苏步青为复旦大学1992届毕业纪念册题词

● 苏步青部分印章的印拓

● 1990年9月苏步青雨中登黄山

- 1983年元旦,复旦大学书画篆刻研究会在虹口公园(今鲁迅公园)举行第三届"复旦之春"书画展,向社会公众展出苏步青、周谷城、郭绍虞、朱东润、王蘧常、伍蠡甫、吴剑岚等复旦师生创作的书法作品140余件,观众达万余人。图为苏步青、盛华等出席开幕式,并与上海市委领导夏征农、陈沂以及王个簃、赵冷月、应野平、翁闿运、唐云、陈从周等艺术家合影

- 1983年元旦第三届"复旦之春"书画展开幕式上,苏步青(左二)与陈从周(左一,与苏步青握手者)、周谷城(右二)、喻蘅(后排,苏步青背后)在一起

2 骨肉无离散，鱼鸿有往还

● 1970年苏步青部分家庭成员合影

● 1976年10月1日苏步青与家人在"萝屋"前合影

• 1980 年苏步青夫妇在家里

● 1979年苏步青和夫人松本米子在日本茅诚司教授家里做客

● 1980年苏步青夫妇在家里

● 与几个儿子在一起（左一苏德昌、右一苏德洋、右二苏德明）

• 在温州与家人在一起

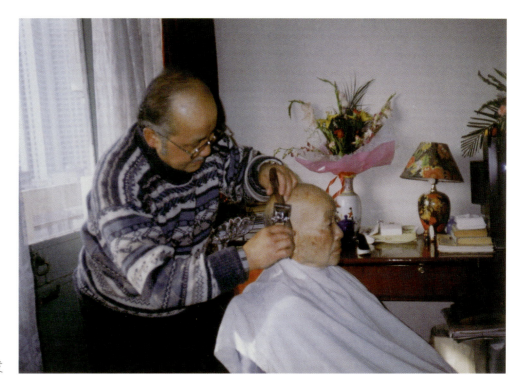

• 1998年1月儿子苏德明为苏步青理发

3

天地虽云宽，知音能有几

● 1992 年复旦大学创办人马相伯铜像揭幕仪式上来宾合影。左起林克、陈至立、谈家桢、苏步青、王零、华中一

- 1956年苏步青与复旦大学时任校长陈望道（右）合影

- 1980年4月苏步青与茅诚司夫妇在杭州

• 1985年谢希德（左一）、苏步青、李正文（左三）、谷超豪（左四）在庆祝复旦大学建校八十周年冷餐会上

• 1987年苏步青（左一）在浙江大学参加竺可桢铜像揭幕仪式

• 1989年苏步青在谈家桢教授八十寿筵上高歌助兴

● 1992年上海市委副书记陈至立（右一）与复旦新老领导合影（左二钱冬生、左三苏步青、左四王零、右二华中一）

● 1999年时任复旦大学党委书记秦绍德（右）、校长王生洪（左）看望苏步青

● 1990年与几位秘书合影。左起王增藩、蒋培玉、苏步青、许温豪

● 1990年苏步青在办公室与同事合影。左起徐国辉、苏步青、蒋培玉、谷超豪、顾树棠、陈尔平

● 1991年，苏步青与谢希德合影

● 1995年复旦大学九十周年校庆期间复旦校董会成立，苏步青、李政道（右一）、杨福家校长（左一）三位校董合影

● 1985年5月苏步青和郑子文合影

● 1991年10月4日,名誉校长苏步青参加校长办公室学习活动

● 1982年7月9日苏步青（左六）在住所前欢迎吴健雄教授（左四）

● 1990年苏步青与胡和生（右一）及项武义、谢婉贞夫妇（右三、右四）合影

● 1957年苏步青与坂田昌一教授在杭州西湖合影

• 1990 年苏步青和时任复旦大学校长华中一合影

后记

为了纪念苏步青诞辰 120 周年，我们编写了这本画传。

画传是在苏步青旧居的"数坛宗师 爱国敬业"主题展示馆图片的基础上扩充而成的。总体编排框架、标题没有改动，只是增加了图片的数量。旧居的建筑面积只有 197 平方米，用于展陈的空间十分有限，苏步青生平的各个部分无法充分呈现。为了弥补这一缺憾，本画传增补了苏步青在浙大期间参与战时内迁的讨论会议纪录、为营救被捕学生而奔走的照片、担任复旦大学教务长期间留下的若干批示手迹等等内容，照片扩充到了 250 余张。苏步青是知名度很高的教育家，此前已有多本纯学术性的文集、纪念文集和通俗性传记问世，但是以图片为主的读本还没有。因此，我们奉献给大家的这本书，将是第一本从多个角度反映苏步青一生的画传。

苏步青活了 101 岁，他生命的长度和事业的宽度足以让人品读。他的人生足够丰富，无论编者怎样增补图片，要在一本画传里详尽地反映他的一生，仍是编者力不能及的。苏步青涉及的领域很广，留下的照片以前没有系统整理过，因此照片的遗漏和文字说明的讹误在所难免，希望读者批评指正。

画传的图片，分别来自复旦大学校史研究室资料室、档案馆特藏，苏步青家属，还有的来自此前出版的《苏步青文选》《文章道德仰高风》等书籍。复旦大学数学科学学院资料室、浙江平阳苏步青励志教育馆给予了大力帮助。华宣积、乐云仙、钱永红、张淑锵、金富军等提供了若干照片。陈洁、贾心语、李祎为图片的收集、分类和编目付出了不少劳动。全书文稿由钱益民撰写，张有民整理了部分文字，华宣积教授审定了全部文字。编者向他们致以深切的感谢。

  本书的出版，得到了上海市教育委员会专项经费的资助，在此一并表示谢忱。

2022 年 7 月 21 日

The Quadrics of Moutard, I.

In a letter communicated in 1863 to Poncelet [1], Moutard established the theorem: if we consider all of the sections of a surface made by planes which pass through the same tangent, the locus of the conics, which osculate these sections at their common point of contact with the tangent, is a quadric having contact of the second order with the given surface. In 1880, Darboux rediscovered independently the same quadric [2] which we will call, after Wilczynski [3], the quadric of Moutard. Many interesting results deduced from this quadric were established by Čech who gives the equation to it in the normal coordinates of Wilczynski [4], which was rewritten by Bompiani in the normal coordinates of Fubini in his investigations on projective differential geometry [5].